KB265584

지금은 자신을
100% 긍정할 수 없더라도 좋습니다.
부디 작은 부분에서부터
자신의 장점을 발견하고
자신을 사랑해 주세요.

감정 청소

HEKONDARA YOMUHON

© JUNKO JIMENJI 2016

Originally published in Japan in 2016 by CrossMedia Publishing Inc. TOKYO,

Korean translation rights arranged with CrossMedia Publishing Inc. TOKYO,

through TOHAN CORPORATION, TOKYO, and Danny Hong Agency, SEOUL.

Korean translation copyright © 2017 by Dasan Books Co., Ltd.

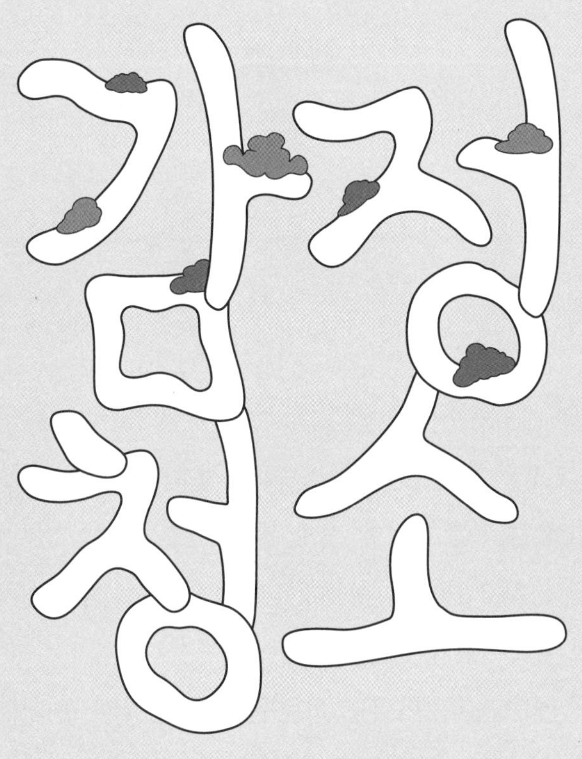

지멘지 준코 지음
김은혜 옮김

다산 4.0

　인생을 살다 보면 평소 밝은 성격의 사람도 사소한 순간에 찌푸린 표정을 짓게 됩니다. 또한, 무심결에 '하아……' 하고 한숨이 새어 나올 법한 울적한 일들을 시시때때로 겪게 마련입니다.

　만약 당신이 '아니요, 저는 울적해지는 일이 별로 없어요'라고 말하는 행복한 사람이라면 이 책은 당신에게 필요하지 않겠지요.

　저는 수많은 기업 및 관공서에서 멘탈 헬스와 스트레

스 매니지먼트에 관한 연수를 20년째 진행하고 있습니다. 또한, '신체와 몸의 치유', '건강'을 테마로 테라피스트 및 지도자를 육성하는 아카데미를 주재하고 있으며, 우울증 개선 및 예방을 목표로 하는 멘탈테라피의 보급 활동에도 종사하고 있습니다.

저는 직업, 연령, 성별 등을 불문하고 직장인부터 전업주부까지 다양한 사람들의 고민을 듣게 되는 기회가 많은데, 사소한 일에 울적해지기 쉬운 사람이 의외로 많다는 것을 실감하고 있습니다.

예를 들어 걱정이 많은 사람, 사물을 부정적으로 보는 사람, 쉽게 자신을 탓하는 사람, 부차적인 일에 지나치게 매달리다 실패를 많이 하는 사람. 사소한 일에 짜증을 내고 난 후에 후회하는 사람, 신중하게 생각하다 오히려 기회를 놓치는 사람…….

이러한 사람들의 특징은 크게 2가지 유형으로 나뉩니다.

하나는 성실한 사람입니다. 괴로운 생각 때문에 상담을 받으러 왔음에도 불구하고 고민에 대해 물으면 '이런 걸 상담해도 될까요?', '좀 더 정확하게 말해야 할 텐데'라는 말을 먼저 꺼내는, 마음이 다정한 사람이 많습니다. 힘이 들 때, 이러한 마음 씀씀이를 타인에게 베푼다는 것 자체는 아주 멋진 일입니다. 하지만 오늘날의 스트레스 사회에서는 살아가기 힘들지도 모르겠네요.

그리고 또 다른 하나는 자존감이 낮아 자신을 과소평가하는 사람입니다. 자존감이란 글자 그대로 자신의 장점뿐만 아니라 단점조차도 긍정적으로 생각하는 감정을 말합니다. 자존감이 낮은 사람은 대화를 나눌 때 자신감이 없어 보이는데, 이를테면 '저 같은 사람의 이야기를 들어주시다니 죄송할 따름이에요'라는 식의 말을 하며, 이야기 도중

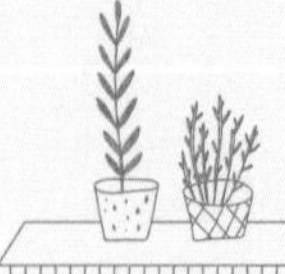

에 '죄송합니다'라든가 '저는 정말로 안 되겠네요'라는 말을 반복적으로 하기도 합니다.

이런 분들을 만나면 '자기 자신의 사고방식이나 인식을 조금만 바꾸면 좀 더 편하고 즐거운 인생을 살아갈 수 있을 텐데'라는 안타까운 마음이 듭니다.

그뿐만 아니라 이런 사람들은 우울증과 같은 마음의 병에 걸리는 경우도 있습니다. 현재 일본은 국내 우울증 환자가 100만 명, 정신질환으로 통원하는 사람이 320만 명에 달하는 일종의 스트레스 사회입니다.

스트레스는 한 번에 큰 덩어리가 쿵 하고 덮쳐오는 것이 아니라 일상생활 속에서 알게 모르게 작은 스트레스들이 쌓이고 쌓여 어느 날 갑자기 질병처럼 몸과 마음에 나타나게 됩니다.

그런 의미에서 마음의 병도 생활 습관병이라고 할 수

있습니다. 생활 습관병은 식습관, 음주 습관, 수면리듬, 체중 관리 등 일상 습관을 조금만 개선하면 피할 수 있는 질병입니다. 마찬가지로 일상에서 울적해졌을 때, 간단한 방법으로 마음을 미세하게 조정하면 마음의 병을 예방할 수 있습니다.

이 책은 각종 스트레스로부터 당신의 마음을 지키고, 울적해진 마음을 재빠르게 회복시키며 애초에 울적해지지 않는 마인드 유지를 위한 34가지 요령을 소개합니다. 울적함에서 회복하기 위한 사고방식, 아침·점심에 해야 할 일, 저녁을 보내는 방법 등 일상생활 속에서 간단하게 적용할 수 있는 방법을 중심으로 정리가 되어있으므로 목차를 보고 마음에 드는 항목부터 읽어도 좋습니다.

인생에는 산도 있고 계곡도 있듯이 다양한 일들이 일어납니다. 여러분도 지금까지 원하는 일이 뜻대로 되지 않기도

했고, 수많은 실패를 겪었겠지요. 하지만 앞으로 일어날 일을 피할 수는 없을 겁니다. 그러한 일로 울적해졌을 때, 이 책에서 소개하는 방법을 하나씩 시도해 보세요. 분명 울적한 당신의 일상에 변화가 찾아올 겁니다.

지멘지 준코

Contents

제4장　울적함이 확 줄어드는 기술

제5장 　금방 울적해지는 사람을 위한 처방전

울적해지지 않는 사람은 뭐가 다를까?

정신적으로 스트레스나 충격을 받았을 때, 울적해지기 쉬운 사람과 울적해지지 않는 사람이 있습니다.

어떤 차이가 있을까요?

바로 스트레스나 충격을 잘 조절하는 사람과 조절하지 못하는 사람의 차이입니다.

오늘날 스트레스로 인한 몸과 마음의 부조화를 호소

하는 사람이 늘어나고 있습니다. 이러한 스트레스에도 **'좋은 스트레스'**와 **'나쁜 스트레스'**가 있습니다. 즉, 스트레스 자체가 몸과 마음에 충격을 주는 것이 아니라 **'스트레스를 어떻게 인식하는가?'**에 따라 결과가 크게 달라진다는 이야기입니다.

예를 들어 지금까지의 업무 능력을 인정받아 과장으로 발탁되었다고 합시다. '과장으로 승진했으니 앞으로 더욱 열심히 해야지'라고 생각하는 사람에게 과장 승진은 좋은 스트레스입니다. 그에 반해 '과장이 되긴 했지만, 내가 정말 해낼 수 있을까?'라고 불안을 느끼는 사람에게 과장으로 지명된 일은 나쁜 스트레스입니다.

이렇듯 과장 승진 자체가 충격 요인이 되는 것이 아니라, 스스로 어떻게 인식하는가에 따라 삶에 플러스가 되기도 하고 마이너스가 되기도 합니다.

말하자면 스트레스는 자신이 만들어 낸 개념일 뿐입니다. 울적해지기 쉬운 사람은 대부분의 현상을 마이너스로 인식하는 경향이 있습니다. 한편 울적해지지 않는 사람은 같은 현상을 플러스로 인식하고 긍정적으로 대처합니다.

인식하는 법을 조금만 바꾸면 생각보다 많은 일을 해결할 수 있습니다. 일이 났다는 사실 자체는 변하지 않지만 인식하는 법을 바꾸면, 스트레스가 제법 완화되거나 사라져 일어난 일을 있는 그대로 받아들이게 됩니다.

이 책은 감정을 인식하는 법을 바꾸어 자신 안의 마이너스 감정을 제로로, 또는 제로를 플러스로 바꾸기 위한 힌트를 소개합니다.

3가지 스트레스 타입

스트레스는 지금으로부터 80여 년 전, 캐나다의 생리학자 한스 셀리에 박사가 제창한 말입니다. 의학적으로 환경 요인이 심신에 영향을 미쳐 신체와 정신에 비뚤어짐이 발생한 상태를 말합니다.

우리의 심신에 영향을 주는 환경 요인은 크게 2가지로 분류합니다.

①은 우리를 둘러싼 외부 환경 요인이고, ②는 스스로에게 스트레스를 주는 내부 환경 요인입니다. 이러한 요인들이 아침에 눈을 떴을 때부터 잠자리에 들 때까지 우리의 몸과 마음에 자극을 주고, 다양한 스트레스 증상으로 나타나게 됩니다.

기본적인 스트레스 증상은 **사람의 가장 약한 부분**에서 나타나며, 크게 3가지 타입으로 나뉩니다.

첫 번째는 스트레스로 인한 어깨 결림, 요통, 눈에 피로가 쉽게 오는 사람은 **근긴장형 타입**이고, 그에 반해 두 번째는 스트레스를 받아 복통, 설사, 변비 등의 소화기 이상 증상이 나타나는 **위장형 타입**입니다. 마지막 세 번째는 현기증이나 두근거림 증상이 심해지거나 불면증에 시달리는 **자율**

신경형 타입입니다.

이러한 타입은 성격과 관련이 있습니다.

근긴장형 타입의 사람은 노력가에게서 많이 나타나고, 위장형 타입은 주변에 신경을 쓰는, 조금은 예민한 사람에게 나타납니다. 자율 신경형 타입은 완벽주의자에게서 주로 나타납니다. 당신은 어떤 타입의 사람인가요?

이와 같은 신체의 반응은 우리에게 **'지금 스트레스를 받고 있다'**라는 경고를 뜻합니다.

일시적인 우울감은 누구에게나 있다

문제는 스트레스를 계속해서 받는 상태에서 일시적인 차도가 있다고 느껴질 때입니다.

사실 우리 몸은 온도 등 신체의 외부 환경이 변해도 체내의 상태를 일정하게 유지하려는 '항상성 유지(호메오스타시스)'라는 성질이 있습니다. 호메오스타시스는 컨디션이 나빠지더라도 원래 건강한 상태로 되돌아가려는 힘입니다. 이 작용 때문에 일시적으로 차도가 있다고 느끼게 됩니다.

하지만 스트레스 상태가 계속되면 우리의 심신은 지칠 대로 지쳐 몸과 마음에 다양한 질병이 나타납니다.

오늘날 가장 문제가 되고 있는 증상은 **우울증**입니다. 우울증의 증상은 다음과 같습니다.

신체적 증상	정신적 증상
• 불면, 식욕부진, 성욕 감퇴, 피로감, 두통, 어깨결림, 변비, 설사	• 무기력감, 판단력 저하, 기억력 저하, 일의 능률 저하, 잦은 실수, 자살성 사고 시도

참고로 현재 정신 의학과에서 다음의 9가지를 기준으로 우울증 여부를 판정합니다. 이 항목들도 어딘가 울적해지는 항목*이 많네요.

* 《정신 질환의 진단 및 통계 편람》 중에서

	우울증 판정 기준	그렇다	아니다
1	하루 대부분 우울한 기분		
2	흥미나 즐거움 상실		
3	체중 증가나 감소		
4	수면 장애(불면 또는 과수면)		
5	불안 및 초조함		
6	피로감, 기력 감퇴		
7	자신을 가치 없는 사람이라고 생각하는 죄악감		
8	사고력, 집중력, 결단력의 결여		
9	반복되는 죽음에 대한 생각		

이 항목 중 ①이나 ②를 포함해 5가지 이상의 증상들이 2주 이상 지속된다고 답하면 우울증 진단이 내려지고, 약을 처방받게 됩니다. 하지만 자세히 보면 누구에게나 이러한 증상이 나타난 적 있지 않나요?

예를 들어 일에서 큰 실패를 했을 때, 실연을 당했을 때,

크게 울적해지게 됩니다. 이럴 때 누구나 한 번쯤은 잠이
오지 않거나, 식욕이 없어지고, 하루 종일 우울한 기분이 들
기 마련입니다.

제1장

감정회복이 빠른 사람들의 사고방식

인생은
내가 주인공인 영화라고
생각한다

인생을 객관적으로 보는 방법을 몸에 익히면
눈앞의 일에 일희일비하지 않고 살 수 있다

만약 지금 어떤 일 때문에 울적해져 있더라도 이 다음
에는 좋은 일이 일어날 수도 있습니다. 저 역시 울적해질 때
가 있습니다. 하지만 인생을 긴 레이스라고 생각하면 눈앞
의 실패나 성공에 일희일비하지 않게 됩니다.

여기서 자신의 인생을 객관적으로 보기 위해 도움이
되는 습관을 하나 소개하겠습니다.

울적한 감정의 소용돌이 안에 있으면 좀처럼 그곳에서 벗어날 수 없습니다. 그때 인생을 **내가 주인공인 영화**라고 생각해 보면 어떨까요? 관객의 입장에서 별일 없는 인생을 무던하게 그려 낸 영화를 본 사람들은 대부분 지루하다고 말하지 않을까요? 누가 뭐라 해도 인생은 다양한 드라마가 있어야 즐거운 법이라고 인식하게 되면 울적해졌을 때도 '다음 시나리오는 어떻게 될까?'라고 미래를 생각하게 됩니다.

사람이 행동을 일으키는 진짜 동기는 다음에서 설명하는 **인간의 6가지 욕구**에 있습니다. 사람은 이 욕구를 만족시키기 위해 인생을 사는지도 모릅니다.

인간의 여섯 가지 욕구	
안정감	안정되고 싶다
불안정감	변화를 추구하고 싶다
중요성	가치 있는 존재가 되고 싶다
사랑과 교감	사랑받고 싶고, 누군가와 교감하고 싶다
성장	성장하고 싶다
공헌	무언가에 공헌하고 싶다

기본이 되는 **안정감**도 중요하지만, 때때로 위기에 직면해 있을 때 그것을 뛰어넘어 모험을 하거나 여행을 하는 인생이라고 생각하면 꽤 근사하지 않을까요? 그런 의미에서 인생의 향신료인 **불안정감**도 필요합니다.

대부분의 사람은 타인에게서 **가치 있는 인간**으로 인정받고 싶어 하며, 자신을 특별하게 생각하고 싶어 합니다. 그런 이유로 공부나 일에 노력을 기울이는 사람도 많습니다.

연애도 드라마에 중요한 요소입니다. 저의 경우 큰 실연을 거쳐 지금의 상대를 만나 행복하게 살고 있습니다. 이것도 한 편의 드라마입니다.

나이가 들어도 **성장하고 싶은** 욕구가 있습니다. 제가 일을 하면서 박사 과정을 수료한 이유도 분명 이러한 욕구 때문이었을지도 모릅니다.

당신에게 있어 인생의 목적은 무엇인가요? **무엇을 위해 이 세상에 태어났는지** 생각해 본 적 없나요? 이 세상에 태어나 조금이라도 도움이 되는 사람이 되었으면 좋겠다고 생각하는 사람이 많습니다. 어쩌면 사람의 궁극적인 목적은 무언가에 공헌하는 것일지도 모르겠네요.

세상에 단 한 편뿐인 내가 주인공인 영화. 이러한 요소를 섞어 가며 인생을 즐길 것인지 괴로워할 것인지는 당신의 마음에 달려 있습니다.

예를 들어 '사실은 사장이 되고 싶었어'라고 말하는 사람이 있다고 칩시다. 현재 근무하고 있는 회사의 사장이 될 수 없다면 자신이 회사를 만들어 사장이 되면 그만입니다. 회사를 그만둘 수 없다면 주말에만 회사를 경영하는 주말 사장이 되는 방법도 있습니다. 혹은 '사실은 사진가가 되고 싶었어'라고 말하는 사람은 일요일에만 카메라맨으로 활동해 보는 것도 좋습니다.

생각하고 꿈만 꾸어서는 이루어지지 않습니다. 행동해야 자신의 세계가 더욱 넓어집니다. 당신의 **미래 드라마**를 만들어 가는 사람은 바로 당신입니다. 조금씩이라도 좋으니 할 수 있는 것부터 시작해 봅시다.

인생은 장대한 드라마입니다. 어차피 찍어야 할 드라마라면 지금까지의 인생에서 생각하지 못했던 일, 정말로 실현했을 때 가슴이 뛰는 일을 하는게 어떨까요?

2

우선
가장 좋아하는 일부터
시작한다

울적할 때 인간의 머리는 한 번에
한 가지밖에 생각하지 못한다는 점을 이용하라

당신이 가장 좋아하는 것은 무엇인가요? 무엇을 할 때 가장 즐거운가요?

울적할 때는 기분이 가라앉아 나쁜 생각만 하게 되지 않나요? 시간이 지날수록 괴로워하고 있지 않나요? 그럴 때는 **자신이 가장 좋아하는 일, 좋아했던 일**을 떠올려 보세요.

인간의 사고는 한 번에 한 가지밖에 생각하지 못합니

다. 울적한 기분에 사로잡혀 있어도 가장 좋아하는 일을 생각하기 시작하면 울적한 생각을 잊어버리게 됩니다. 사고의 전환을 하기 위해서는 울적한 이유나 막연한 두려움, 고민에서 벗어나 '가장 좋아하는 일, 즐거운 일'을 생각해 보세요. 당연한 말이지만 괴롭고 고통스러운 일을 생각하기보다 좋아하고 즐거운 일을 생각하는 편이 좋은 기분을 유지하는 데 도움이 됩니다.

인생을 고통스럽고 괴로운 것으로 생각하는 사람이 있습니다. 이러한 생각은 언제부터 시작하게 된 것일까요? 누구에게 배운 것일까요? 어린 시절에는 아무 생각 없이 해맑게 뛰어놀며 하루를 보내지 않았나요? 당신은 어린 시절, 무엇을 하며 놀았나요? 무엇을 할 때 가장 두근거렸나요?

즐거운 일, 좋아하는 일을 생각만 해도 뇌에서 도파민이 분비되어 의욕이 생기게 됩니다. 도파민은 중추 신경계에서 활동하는 신경 전달 물질입니다. 뇌의 전두엽 안에 위치하여 쾌감 등을 생성하는 '보수계'라 불리는 신경회로와 깊이 연관되어 있으며, 무언가를 할 의욕이나 학습 등에 밀접하게 관련되어 있습니다. 보수계에서 도파민을 분비시키기 위해서는 노래방에서 좋아하는 노래를 부르는 것도 하나의 방법입니다. 중요한 부분은 자신이 좋아하는 노래를 부른다는 점입니다. 노래에 감정이 이입되어 도파민을 배출합니다. 맛있는 음식을 먹는 방법도 효과적입니다. 맛있는 음식이나 자신이 좋아하는 음식을 먹으면 동일하게 뇌 안의 도파민이 분비됩니다.

한마디로 자신이 기뻐하는 행동을 하면 됩니다. '기쁘다', '즐겁다'는 감정은 뇌가 가장 좋아하는 포상입니다. 무언가 **자신에게 포상을 하자**라는 행동은 도파민 분비를 증가시키는 일입니다.

당신이 가장 좋아하는 것은 무엇인가요? 노래방이나 미식을 즐기는 일 외에 예를 들어, 반려견과 놀기, 쇼핑, 모형 비행기 날리기, 독서, 여행 등 사람마다 좋아하는 일이 다르기 마련이지요. 우선 가장 좋아하는 일 중에서 할 수 있는 것부터 시작해 보세요.

과거 국제선 승무원으로 근무했던 저의 이력과 현재의

직함인 스포츠 의학박사를 연결지어 생각하기 어려울지도 모르겠네요. 저는 그때그때 제가 좋아하는 일을 했고, 관심이 있는 공부를 하다 보니 스포츠 의학박사 학위를 취득하게 되었습니다.

인생에는 산도 있고 계곡도 있습니다. 울적할 때도 있지만, 괴로운 일만 있는 것은 아닙니다. 울적할 때에 울적해진 상황에서 어떻게 벗어나는가가 중요합니다. 이때 필요한 키워드 중 하나가 좋아하는 일입니다.

당신은 지금 어떻게 되고 싶은가요? 어떻게 하고 싶다고 생각하나요? 누구에게나 인생은 즐기기 위해서 있습니다. 울적하고 괴로워하기 위해서 있는 것이 아닙니다. 좋아하는 일, 즐거운 일을 생각해 보세요.

3

하루 3분
좋은 일만 생각한다

분노, 원망, 짜증은 신체에 악영향을 미치며
다양한 질병의 원인이 되기도 한다

좋아하는 일이나 즐거운 일을 떠올려 보세요. 당장 해 보자는 말을 들어도 그런 습관이 없는 사람이라면 살짝 당황스러울지도 모르겠네요.

그런 사람들을 위해 우선 습관화하는 법부터 시작해 봅시다. 하루에 3분이라도 좋으니 **좋은 일만** 생각하는 시간을 만들어 보세요.

습관으로 만들기 위해서는 정해진 시간을 설정하는 것도 하나의 방법입니다. 예를 들어 지하철을 타고 출근하는 사람이라면, 출근길 지하철 안에서 3분간 좋은 일만 생각하는 시간을 만듭니다. 생각만 하는 일이기 때문에 콩나물시루처럼 북적대는 만원인 지하철 안에서도 실행할 수 있으니까요. 매일 아침 북적대는 만원 지하철 안에서 '아, 오늘도 복잡하네. 왜 이런 생각을 하며 출근을 해야 하는 거야?', '이런 인생, 정말 싫다'라며 울적해 하고 있지는 않나요?

이때 3분간 좋은 일만 생각하는 습관을 하는 것만으로도 하루가 확실하게 변합니다.

좋은 일은 아주 소소한 일이어도 괜찮습니다.

예를 들어 아침에 일어나 지하철역으로 가는 사이에 만났던 **소소하지만 좋은 일**을 떠올립니다. 길가에 핀 작은 꽃, 지나가는 강아지, 커피숍 점원과의 대화 등을 떠올려 보세요. 또한, 아내가 있는 사람이라면 주말에 아내가 만들어 주었던 특별 요리를 떠올립니다. 자녀가 있는 사람이라면 어젯밤 행복하게 잠든 자녀의 얼굴을 떠올려 봅니다.

작지만 좋은 일을 생각하는 것만으로도 마음이 온화해집니다. 또한, 오늘 일어날 것만 같은 좋은 일을 생각해 보는 것도 울적해지지 않기 위한 작은 기술입니다. 오전 중 기획 회의에서 '분명 내 기획안이 통과될 거야'라고 생각해 봅니다. 오후에는 '거래처 상담이 잘 될 거야', '오늘 밤 데이트는 재미있을 거야' 이런 식으로 좋은 일만 생각합니다.

실제로 실패하거나 좋지 않은 결과가 나오더라도 그건 그때 생각하면 되니까요. 특히 울적할 때는 아직 일어나지 않았음에도 불구하고 나쁘게 생각하거나 앞서 걱정을 하는 경향이 있습니다. '분명 잘 될 거야'라고 생각해야 마음도 건강해집니다.

당신도 화를 내거나 사람을 원망하고, 짜증을 부리다 위장의 통증을 느낀 적이 있지 않나요? 사람의 몸은 솔직합니다. 감정은 신체에도 큰 영향을 줍니다. 암이나 류머티즘, 우울증 등 진단되는 병의 80%는 스트레스가 원인이라는 설도 있습니다.

스트레스를 없애기 위해서라도 좋은 일을 생각하는 게 몸에 좋습니다.

저는 화를 내거나, 원망을 하고, 짜증을 내지 않는 편입니다. 화를 내지 않는 이유는 저를 위해서 이기도 합니다. 참을성이 많거나 정신력이 강하다는 이야기와는 별개로 분노, 원망, 짜증은 신체에 악영향을 주고 다양한 질병의 원인이 된다는 사실을 알고 있기 때문입니다.

나쁜 생각을 하거나 괜한 걱정을 하는 것보다 벌어졌을 때 기쁜 일, 즐거운 일을 생각해 보는 건 어떨까요? 그리고 이러한 방법을 습관화시키는 것은 어떨까요?

울적해지지 않기 위해서 하루에 3분 동안 좋은 일을 생각하는 시간을 만들어 봅시다.

4

한 달에 한 번,
자신의 장점을 찾는다

자존감을 높이는 것은
결국 자신에게 가장 좋은 일이다

울적해져 있을 때는 자신이 싫어집니다. '또 실수해버렸어', '거래처 상담이 잘 되질 않았어', '또 차였어', '역시 나는 뭘 해도 안 돼', '나는 쓸모없는 사람이야' 이런 식으로 생각하지 않나요?

저는 직업상 '나 자신이 싫어요'라고 말하는 사람을 많이 만났습니다. 그때마다 '왜 그런 안타까운 생각을 하는 걸까'라고 느꼈습니다.

그 사람들은 왜 자신을 좋아하지 않는 걸까요? 원인은 지금까지 태어나 자라온 역사 속에 있을지도 모릅니다. 부모에게서 언제나 좋은 성적을 받길 바라거나, 착한 아이로 자라기를 바라는 기대를 한 몸에 받았던 게 아닐까요?

부모의 기대에 미치지 못해 '나는 안 돼', '나는 가치가 없어'라는 생각에 빠져드는 게 아닐까요?

저에게 상담을 받으러 오는 사람 중에는 아버지나 어머니 때로는 부모에게 이끌려오는 사람도 많습니다. 우울증에 걸리거나 은둔형 외톨이가 된 딸 혹은 아들을 데리고 온 부모 중에는 말투나 대화 속 내용을 미루어 볼 때 학력이 높고 엘리트에 가까운 아버지, 자상하게 아이를 잘 돌봐줄 것 같은 어머니도 많아 '이런 부모 밑에서 자란다면 분명 훌륭한 아이가 될 거야'라고 여겨지는 사람이 의외로 많습니다.

하지만 경제적으로 풍족하고 아무런 부족함이 없이 자란 사람들, 특히 30·40대가 오늘날 마음의 부조화로 고민하고 있습니다.

　이런 사람들의 대부분은 자기긍정감이나 자기효능감이 낮습니다. 부모가 지나치게 훌륭한 탓에 부모를 뛰어넘을 수 없거나 혹은 나이가 들어도 부모에게 인정받지 못한다는 **낮은 자존감**이 마음을 갉아먹게 됩니다. 결혼을 하고 자녀가 있음에도 불구하고 본가에 가면 아직까지도 부모에게 인정받지 못한다며 눈물을 흘리는 여성도 있습니다.

　하지만 부모는 부모대로 자녀를 소중히 생각하고 훌륭히 성장하기를 바랄 뿐입니다. 부모에게 인정받지 못하거나 상사에게 인정받지 못하는 등 다른 사람의 평가에 신경을 쓰지 말고 자신의 삶을 살아가는 것이 결국 자신에게 가장 좋은 일입니다.

　실패하거나 일이 잘 풀리지 않을 때는 다시 한 번 힘내자고 생각하는 것만으로도 충분합니다. 정기적으로 자신의 장점을 꼽으며 자존감을 높여 주세요. 한 달에 한 번이라도 좋습니다. 잊어버리지 않도록 매월 월급날 자신에게 포상을 하거나, 큰 마음을 먹고 비싸고 맛있는 요리를 먹으며, 술을 좋아하는 사람이라면 한 잔 마시며 자신의 장점을 생각해 보세요. 자존감은 하루 이틀 사이에 높아지기 어렵습니다. 조금씩이라도 좋으니 자신을 좋아하기 위한 아주 작은 행동부터 하나씩 해 보세요.

자신을 좋아하는 타입의 사람은 울적해져도 회복이 빠릅니다. 살아가는 원동력이 자기긍정감에 있다고 할 수 있으니까요.

누구도 남의 인생을 대신 살아갈 수 없습니다. 반대로 말해서 당신의 인생은 다른 누군가를 위해서가 아닌 당신만을 위한 인생입니다. 지금은 자신을 100% 긍정할 수 없더라도 좋습니다. 부디 작은 부분에서부터 자신의 **장점**을 발견하고 자신을 사랑해 주세요.

5

앞으로
어떻게 하고 싶은지
집중한다

과거의 인간관계나
트라우마에서 벗어나지 못해서
마음의 병에 걸리는 경우가 많다

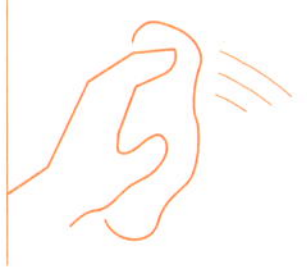

저는 **멘탈테라피**의 사고방식을 확산시키기 위해 국제멘탈테라피협회라는 조직을 주재하고, 멘탈테라피스트를 양성하는 강좌도 진행하고 있습니다. 이 강좌를 수강하는 분들은 크게 3가지로 나뉩니다.

3분의 1은 자신이 정신 의학과를 통원하며 약을 복용하고 있는 사람, 또 다른 3분의 1은 아들이나 딸 혹은 배우

자가 정신 의학과에 통원하며 약을 복용하는 사람, 나머지 3분의 1은 멘탈테라피스트로서 우울증으로 고민하고 있는 사람에게 도움을 주고 싶어 하는 분들입니다.

사실 멘탈테라피를 만든 미야지마 겐야 선생님도 7년간 우울증을 겪었습니다. 미야지마 겐야 선생님은 우울증을 치료하기 위해 자신도 약을 복용하고, 환자에게도 약을 처방했습니다. 하지만 자신도 낫지 않았을뿐더러 환자도 낫지 않았다고 합니다. '약으로는 우울증을 고칠 수 없는 것이 아닐까?'라는 의문을 가지고, 심리학이나 그 외에 다양한 사고방식을 배워가던 중 '우울증은 약으로 고칠 수 없다. 사고방식을 바꾸는 것이 중요하다'는 점을 깨닫게 되었습니다.

미야지마 겐야 선생님의 멘탈테라피는 고민을 들어주는 카운슬링과는 크게 다릅니다.

예를 들어 클라이언트(환자)에게 '무슨 고민을 하고 계시나요?' 등의 질문을 하지 않습니다. **'당신은 어떻게 하고 싶어서 오늘 이곳에 오셨나요?'**라는 식의 질문을 합니다. 즉, 고민 상담이 아닌 '앞으로 어떻게 하고 싶은가?', '어떻게 살고 싶은가?'라는 미래지향적인 문제 해결법으로 질문을 합니다. 여기에는 다음과 같은 이유가 있습니다.

과거의 이런저런 생각에 사로잡혀 괴로워하고 있으면 앞으로 나아갈 수 없습니다. 이미 벌어진 일, 자신이 일으킨 일에 대해 걱정한다고 해서 해결되는 일은 없습니다.

극단적으로 말하면 지나간 일에 괴로워하고 있어도 소용이 없습니다. 과거에 연연하기보다 **앞으로 어떻게 하고 싶은지**에 집중하는 것이 중요합니다. 우선 **할 수 있는 일부터 구체적으로** 사고하는 것이 포인트입니다. 고민의 악순환에 빠진 사람도 앞으로의 자신을 생각하기 시작하면 미래지향적인 사고로 전환하게 됩니다.

마음의 부조화로 고민하는 사람, 치유를 받고 싶어 하는 사람의 사고를 객관적으로 살펴보면 과거에 사로잡힌 채 과거의 인간관계나 트라우마에서 벗어나지 못하는 경우가 많습니다. 사람에 대한 원망과 분노로부터 해방되지 못해 괴로워합니다.

자신을 얽매는 사고방식은 무엇일까요? 인생은 이렇게 살아야 한다, 부모는 이래야 한다, 자녀는 이래야 한다 등 이렇게 해야 한다는 사고방식을 가진 사람이 우울증에 걸리기 쉽습니다.

멘탈테라피의 사고방식은 **자기 해방**입니다. 지금까지 자신을 얽매왔던 사고방식을 바꾸는 것이 첫걸음입니다. 앞서 언급했던 자존감과 연결되는 부분으로 **나는 나대로 충분하다**는 태도로 자기 자신을 인정하는 것에서 시작됩니다.

사실은 내가 어떻게 하고 싶은가, 어떻게 되고 싶은지는 자신의 마음속에 담고 있는 삶의 방식이나 사고방식을 스스로 인정하면 됩니다. 주변 사람들에게 휘둘리지 않고 정말로 자신이 어떻게 하고 싶은지, 어떻게 되고 싶은지가 중요합니다.

과거의 여러 가지 괴로움이나 고민, 원망이 있더라도 지금까지 열심히 살아왔으니 과거를 고민하기보다 현재와 미래에 바라는 바를 그려보세요.

3개월간 꾸준히 매일 실천한 사례를 보면 전혀 다른

사람처럼 얼굴 표정이 변한 사람이 많습니다. 사고를 바꾸는 것만으로도 사람은 변합니다. 과거에 얽매이지 말고 미래의 초점을 향해 앞으로 어떻게 하고 싶은가에 집중하는 편이 효과적입니다.

6

결국
남은 바뀌지 않는다

당신이 울적한 이유는 무엇인가요? 울적한 이유가 인간 관계에 있을 때, 당신은 '주변 사람이 바뀌면 인생이 술술 풀릴 텐데'라고 생각하지 않나요? 예를 들어 '상사가 자신을 생각해주지 않는다', '부하가 자신의 말을 듣지 않는다', '남편 혹은 아내가 좀 더 나를 생각해준다면 인생이 즐거워질 텐데', '아버지가 나를 좀 더 알아준다면 언제나 즐겁게 살아갈 수 있을 텐데' 등 울적한 이유는 다양합니다.

최근 일본은 이혼율이 높아지고 있습니다. 사이가 좋지 않은 부부를 보고 있으면 서로에게 아무것도 아닌 일에 매달려 있는 것이 아닐까라는 생각이 듭니다.

예를 들어 '남편은 제가 하는 모든 일을 반대해요', '저는 사업을 하고 싶은데 아내가 반대해요', '저는 ○○을 하고 싶은 꿈이 있어 강좌에 다니고 싶은데 남편이 허락해 주지 않아요', '아내가 허락해 주지 않으면 아무것도 할 수 없어요'처럼 주변을 의식하는 경우가 많습니다.

예전의 부부 관계를 '봉건적이다', '경직되어 있다'라고 많이들 말합니다. 하지만 제가 이 일을 하면서 부부 사이의 다양한 고민과 그 안에서 생겨나는 불만을 실제로 들어보면, 오늘날의 부부가 서로를 더 구속하고, 자유를 빼앗으며, 자신이 바라는 대로 따라오기만을 원하는 부분이 의외로 많다고 느꼈습니다.

부부 사이나 부모 자식 관계에 있다고 해도 각각의 한 사람은 독립된 자아입니다. 결국 상대를 바꿀 수는 없습니다. 남편은 아내를 바꿀 수 없고, 아내도 남편을 바꿀 수 없습니다. 부모는 자녀를 바꿀 수 없고, 자녀도 부모를 바꿀 수 없습니다. 상사는 부하를 바꿀 수 없고, 부하도 상사를 바꿀 수 없습니다.

그리고 상대가 자신과 같은 가치관을 갖고 있다고 할 수도 없습니다. 수많은 사람의 고민을 듣다 보면 정말 다양한 가치관을 가진 사람이 많다는 것을 알게 됩니다.

예를 들어 무엇이든 정확하게 하지 않으면 마음이 놓이지 않는 사람이 있는가 하면 무엇이든 대충 생각하는 사람도 있습니다. 주변에 신경을 쓰는 사람이 있는가 하면 주변에 무관심한 사람도 있습니다. 이렇듯 사람은 천차만별입니다. 당신이 그들을 바꾸려고 생각하는 것은 애초부터 무리입니다. 바꿀 수 있는 것은 오직 자신뿐입니다.

당신이 바뀌면 어쩌면 상대도 바뀔지 모릅니다. 하지만 그런 기대를 해서는 안 됩니다.

결국 남은 바뀌지 않는다는 사고를 전제로, 그렇다면 '앞으로 어떻게 할까?'라고 생각하는 편이 좋습니다.

남은 바꿀 수 없지만 당신 자신은 언제든지 변할 수 있습니다. 상대가 바뀌기만을 바라지 말고 때로는 스스로 편한 환경을 만들 필요가 있습니다.

부모는 자녀가 잘 되기를 바라는 마음에서 자녀가 부모가 그려준 인생을 걷기를 바랍니다. 하지만 자녀에게는 자녀의 인생이 있습니다. 부모가 기대하는 대로 자라지 않습니다. 혹은 기대를 걸었던 젊은 사원이 제 몫을 할 때가 되자 회사를 그만두는 일을 겪은 가진 상사도 많이 있을 겁니다.

인생에 있어 모든 일이 자신이 생각하고 원하는 대로 움직이지 않습니다. 그래서 여러 가지 불만과 푸념이 등장하게 됩니다.

울적해지지 않기 위해, 울적해지더라도 금세 회복하기 위해 '상대를 바꿀 수 있다'가 아닌 '남은 바뀌지 않는다'를 전제로 생각하는 것이 중요합니다. 이 방법이 당신 자신의 마음을 건강하게 지켜줄 테니까요.

7

타인의 시선에서 자유로워지는 3가지 방법

자신이 믿는 대로, 자신의 가치관을 가지고,
자신에 대한 자신감을 갖는다

저는 다른 사람의 시선에서 자유로운 편입니다.

타인의 시선에서 자유로워지는 방법 중 첫 번째는 '**자신이 믿는 대로 행동하기**'입니다.

제가 스트레스 매니지먼트 연수 프로그램으로 고안한 알파빅스는 에어로빅스 전성기에 고안한 운동입니다.

이 운동은 복식 호흡을 하면서 고무 밴드를 이용해 천

천히 몸을 움직이는 활동입니다. 어떤 기업의 스트레스 매니지먼트 연수 프로그램으로 요가 지도를 하면서 이 운동을 만들게 되었습니다.

기존의 스트레스 매니지먼트 연수는 의사가 설명하는 스트레스 증상과 대처법을 듣는 것이 주류였습니다. 이러한 연수로는 실제 효과가 미미했고, 기업에서 비즈니스 매너 연수를 실시할 당시 '좋은 스트레스 매니지먼트 연수 프로그램이 없느냐'는 질문을 인사담당자로부터 듣게 되는 일이 많았습니다.

스트레스를 없애기 위해서는 **일상 속 예방**이 중요합니다. 그래서 기존의 기업체 연수와는 다르게 실천적인 스트레스 매니지먼트 연수를 만들어보면 어떨까라는 생각을 하게 되었습니다.

애초에 요가 호흡법이나 천천히 몸을 움직이는 것이 스트레스 매니지먼트에 효과적이라는 생각을 하고 있었습니다. 저는 요가를 가르치는 강사이기도 했고, 전문학교 과외 수업 등에서 지도를 했었기 때문에 스트레스 매니지먼트 연수 프로그램 내에 시험 삼아 요가를 도입시켰습니다.

그런데 관리직을 대상으로 연수를 진행할 때, 스트레스 매니지먼트 연수의 수강생은 50대 전후의 남성이 대부분으로 몸이 뻣뻣한 사람이 많았습니다. 이러한 사람들에게 요가 자세는 고통일 뿐 스트레스 매니지먼트에 전혀 도움이 되지 않는다는 것을 깨닫게 되었습니다.

이런 사람들을 위한 운동 프로그램을 만들고 싶다는 일념 하에 고안한 운동이 알파빅스입니다. 이 운동은 느긋하게 무리하지 않는 선에서 시작하며 운동하는 사람에 맞춰 난이도를 조절하기 쉬워, 스트레스 매니지먼트 효과가 높습니다. 그래서 현재까지 많은 기업뿐만 아니라 스포츠 클럽, 산부인과, 양로원 등에 도입되고 있습니다.

처음에는 이런 느긋한 운동은 운동이 아니다라는 말을 자주 들었습니다. 하지만 저는 남녀노소, 실제로 이 운동을 해 본 사람들의 이야기를 들으며 스스로 이 운동은 효과가 있을 것이라는 믿음이 있었기 때문에 어떤 말을 들어도 휘둘리지 않았습니다. 자신이 믿고 있는 일을 할 때는 타인의 시선 따위는 신경 쓰지 말아야 합니다.

진심으로 좋아하는 일은 있는 그대로 자신의 가치관이 된다

타인의 시선으로부터 자유로워지는 두 번째 방법은 **'자신의 가치관 갖기'**입니다.

예를 들어 일을 하며 삶의 보람을 느끼는 사람, 집에서 가사와 육아를 돌보며 삶의 보람을 느끼는 사람, 취미로 빵을 만들며 삶의 보람을 느끼는 사람, 허브를 키우며 삶의 보람을 느끼는 사람 등 사람들은 다양한 가치관을 가지고 살아갑니다.

어떤 경우든 사람마다 자신만의 올바른 가치관을 가지고 있습니다. 당신이 가사와 육아를 돌보며 삶의 보람을 느끼는 사람이라고 했을 때 '아니 틀렸어. 일에서 보람을 느끼는 사람의 삶이 맞아'라는 말을 들을 필요는 없습니다. 이러한 생각은 사람마다 다르기 때문에 일일이 타인의 시선에 신경을 쓰다 보면 아무것도 할 수 없게 됩니다.

자신의 가치관이란 자신이 무엇을 좋아하는가, 무엇을

하고 있을 때 가장 즐거움을 느끼는지에 대한 과정이라고 생각합니다. 사람마다 좋아하는 것이 다르기 때문입니다. 등산을 좋아하는 사람이 있는가 하면 일부러 힘들게 등산을 하는 사람을 이해할 수 없는 사람도 있을 테지요. 낚시를 좋아하는 사람이 있는가 하면 물고기를 잡으려고 몇 시간씩 기다릴 수는 없다고 생각하는 사람도 있을 테니까요.

저는 현재 어깨가 결리고 허리가 아플 때 마사지를 받듯이, 어떤 고민을 안고 있을 때 정신 의학과에 가기 전에 잠시 상담을 해 주고, 다시 건강해질 수 있도록 도움을 주기 위해 노력하고 있습니다. 물론 제 일이기도 하지만 이러한 활동 자체를 정말로 좋아합니다.

20여 년 전 일본에서 발 마사지 '반사요법reflexology'이 유행하기 시작하던 시절, 공부를 위해 다니고 있던 정체整体*학원의 원장 선생님에게 앞으로는 발의 시대가 올 테니까 발에 대해서 공부하는 것이 좋겠다는 권유를 받았습니다.

---

* 정체(整体)학원은 골격교정을 목적으로 한 수기치료를 가르치는 곳을 말한다.

영국이나 독일에서는 반사요법이 의료의 일환으로 실시되고 있다고 들었고, 때마침 저는 스트레스 매니지먼트 학회가 영국에서 개최되었기 때문에 런던에 잠시 주재한 적이 있습니다.

영국의 반사요법은 일본처럼 살롱이 아닌 클리닉에서 실시되었습니다. 제가 방문했던 런던의 한 클리닉은 반사요법 외에 요가나 마사지 등 약이 아닌 자연 치유력을 이용한 치료를 실시했습니다.

저는 그때 막연하게 서양식 치료뿐만 아니라 자연 치유력을 이용해 스스로 회복하는 치료가 일본에서도 확산되면 좋겠다고 생각했습니다. 그리고 그러한 생각이 지금의 활동으로 이어지게 되었습니다. 이러한 노력은 제 삶의 보람이기도 합니다.

당신이 무엇을 좋아하고, 무엇을 할 때가 즐거운지는 있는 그대로 당신의 가치관이 됩니다. 자신이 좋아하는 일을 하고 있을 때, 다른 사람의 눈은 신경 쓰이지 않을 테니까요.

자신의 가치관을 재점검해 보세요. 자신의 가치관이 확실할수록 다른 사람의 의견에 휘둘리지 않게 될 테니까요.

타인의 시선에서 자유로워지는 세 번째 방법은 **'자신에 대한 자신감 갖기'**입니다. 자신감의 자신은 한자로 스스로 자自에 믿을 신信을 쓰며 자신을 믿는다는 뜻입니다. 자기 자신을 믿게 된다면 타인의 시선에서 자유로워 질 수 있습니다. '타인에게 어떻게 보여질까?'라는 속박에서 벗어나 자유로워지세요.

자신을 믿지 못하는 사람은 의외로 많습니다. 하지만 정말로 그럴까요?

자신을 믿지 못한다고 말하면서도 대부분의 사람은 좋은 의미로 마음 속 깊이 자신을 소중하게 생각하고 있습니다. 다만 '내가 가장 소중하다고는 생각하지 못하겠어, 어리광부리면 안 돼'라는 교육을 받아온 탓에 자신의 기분을 좀처럼 솔직하게 표현하지 못하고 있을 뿐입니다.

반복해서 말하지만 마음의 건강을 위해서는 남에게 인정받고 싶고, 남에게 좋은 사람으로 인식되고 싶고, 남에게

사랑받고 싶은 인정욕구가 아닌 자신이 어떻게 생각하고

어떻게 하고 싶은지가 중요합니다.

제 2 장

울적해지지 않는 아침, 점심습관

눈을 떴다면
일단
밖으로 나간다

아침에 햇볕을 쬐면
체내 시계가 조절되어 정신도 안정된다

당신은 아침에 일어나 가장 먼저 무엇을 하나요?

잠들지 못했던 아침이라면 당신은 어떻게 하나요? 휴일 아침이라면 다시 잠을 청하나요? 졸리지만 출근을 해야 하는 날이라면 꾸물꾸물 일어나나요?

울적해져 있을 때는 잠을 자도 마음이 편안해지지 않고, 때때로 눈이 떠지는 사람도 있습니다. 잠을 자는 건지,

못 자는 건지 구분조차 할 수 없어 머리가 멍한 상태⋯⋯.

그럴 때는 주저하지 말고 밖으로 나가세요.

꾸깃꾸깃한 잠옷 차림도 괜찮지만, 주변의 시선이 신경 쓰인다면 얼굴이 가려지는 모자를 깊이 눌러 쓰고, 잠옷을 가릴 수 있는 코트를 걸치면 좋겠네요. 아파트에 살고 있어 마당이 없다면 집 근처 작은 공원으로 발걸음을 옮겨 보는 건 어떨까요? 아침 공기가 평소와 다르게 느껴질 것입니다.

추운 겨울날의 아침 공기는 매우 차갑습니다. 조금씩 따뜻해지고 공기가 느슨해지면 봄의 향이 나기 시작하지요. 무더운 여름에도 아침 공기는 상쾌합니다. 가을은 공기가 차분해 마음이 온화해집니다.

이러한 아침 공기 속에서 마음껏 기지개를 켜 보세요.

아침은 '푸라나Purana'로 가득 차 있습니다.

푸라나란 산스크리트어로 '호흡'이나 '숨결'을 의미하며, 인도 철학에서는 우주 에너지라고 정의합니다. 사람이나 동물, 산이나 강, 식물이나 동물 등 삼라만상에 존재하며 우리들의 심신과 밀접하게 관계되어 있다고 합니다.

푸라나를 마음껏 심호흡해 보세요.

또한, 아침의 햇볕은 체내 시계를 조절합니다. 생물이 태어날 때부터 신체에 갖춰져 있다고 여겨지며, 하루 주기로 생활 리듬을 만들어 내는 시스템을 체내 시계 혹은 생물 시계라고 부릅니다. 체내 시계 덕분에 인간을 비롯한 모든 생물이 매일 비슷한 시각에 자고, 비슷한 시각에 눈을 뜨게 됩니다.

체내 시계가 불규칙한 생활이나 정신적인 고민을 안게 되면 수면 리듬이 무너지게 됩니다. 당연히 울적해져 있을 때는 수면 리듬이 쉽게 무너지게 되지요. 이런 경우에도 아침 햇볕을 쬐면 체내 시계가 다시 조절되어 신체가 자연스럽게 각성하게 됩니다.

또한, 아침 햇볕을 쬐는 것만으로도 **'오늘도 활기차게 시작해볼까?'**라는 기분이 들게 됩니다. 이는 눈에 들어온 아침 햇볕이 자극제가 되어 세로토닌의 움직임을 활성화시키기 때문입니다. 세로토닌은 뇌 내의 신경 전달 물질로 인간의 심신 안정 및 마음의 평안을 가져와 정신적인 면에 커다란 영향을 줍니다.

　이렇듯 밖으로 나가 심호흡을 하고, 빛을 쐬어 신체를 각성시키면 울적해진 기분을 날려 버릴 수 있습니다. 잠들지 못 했던 아침에도 주저하지 말고 일어나 부디 밖으로 나가 보세요. 잠들지 못했던 다음날 점심 즈음에 살짝 잠이 올지도 모르겠습니다. 하지만 밤이 되면 잠이 쏟아져 푹 잘 수 있을 것입니다.

　인간의 신체는 수면을 요구합니다. 잠들지 못한다고 해서 계속 잠을 못 자는 것은 아닙니다. 반드시 어딘가에서 잠을 자고 있습니다. 신체의 자연스러운 체내 시계를 유지하기 위해 잠들지 못했던 다음날 아침에도 평소처럼 일어나 밖으로 나가 아침 햇볕을 쐬어 보세요.

아침에는
나무를
만져 본다

아침에 일어나 밖으로 나왔다면 가까이에 살아 숨 쉬고 있는 나무를 만져 보세요. 벚나무, 은행나무, 미루나무, 느티나무, 소나무 어떤 나무여도 상관없습니다.

네이처게임이라 불리는 활동이 있습니다. 이 활동은 1979년 미국의 자연주의자 조셉 코넬 씨에 의해 고안되었습니다, 오감을 사용해 자연을 직접 체험하는 야외 활동 프로그램입니다. 이 프로그램의 하나로 청진기를 나무에 대고 나무의 박동 소리를 듣는 체험이 있습니다.

저도 이 네이처게임에 참가해서 청진기로 나무의 박동 소리를 들은 적이 있습니다. 인간의 심장 박동처럼 쿵쿵거리는 소리를 들었습니다. 마치 나무가 사람처럼 숨을 쉬고 있는 것 같았습니다.

이 프로그램은 나무의 내부 소리에 귀를 기울여 나무 속에서 일어나고 있는 일, 나무와 주변의 관계에 대해 생각하며 자연과의 일체감을 높이는 데 목적이 있습니다. 관심이 있다면 부디 나무의 박동 소리를 들어보세요.

저희 집 앞에는 예전에 고등학교로 쓰였던 부지로 큰 운동장이 있습니다. 이 운동장에는 아주 큰 은행나무 세 그루가 있습니다. 창문을 통해 사계절이 지나는 모습과 함께 계절에 따라 변해 가는 나무의 모습을 즐길 수 있습니다. 은행나무를 보고 있으면 생명의 강한 힘이 느껴집니다. 가을에 황금빛으로 물들었던 은행나무 잎은 추운 겨울이 가까워 오면 마른 잎이 되고, 찬바람과 함께 모든 잎이 떨어지

고 나면 나뭇가지만 쓸쓸한 모습으로 남게 됩니다. 눈이 내리면 잎이 있던 자리는 눈으로 덮이고, 하얀 눈은 그 나름의 멋을 풍기며 아름다움을 자아냅니다. 봄이 찾아옴과 동시에 일제히 가지에 싹이 트고, 어린잎으로 뒤덮입니다. 그리고 여름이 되면 어린잎이었던 가지자리에 푸르른 잎들이 자라납니다. 이 잎은 다시 가을이 찾아오면 황금빛으로 물들어 빛나기 시작합니다.

은행나무 뿐만 아니라 모든 나무는 각각의 나무가 가지고 있는 에너지가 있어 다양한 치유효과를 가져다줍니다. 이러한 관점이 아니더라도 나무를 만지면 '이 나무는 몇 년 동안 살아온 것일까?', '이 상처는 왜 생긴 것일까?', '이 나무가 심어졌을 당시의 이 주변은 어떤 풍경이었을까?' 등의 상상을 잠시 펼치며 사소한 일에 조급해하는 일상에서 벗어날 수 있습니다.

나무도 살아서 호흡을 하고 있습니다. 나무를 만져 보면 그 생명력을 느낄 수 있습니다. 울적해져 있을 때는 아침에 나무를 만지며 나무의 에너지를 받아 보세요.

10

울적해지지 않는
아침 운동

신체를 움직이면
교감 신경이 우위로 활동하게 되면서
혈액의 흐름이 촉진되고 근육도 깨어난다

아침은 하루의 시작이지요. 평소보다 일찍 일어나 신체를 움직이면 울적한 기분이 사라집니다.

자율 신경은 '**교감 신경**'과 '**부교감 신경**'으로 나뉘어 있는데, 두 신경의 균형을 잘 잡아야 심신이 건강한 상태를 유지합니다.

신체를 움직이면 교감 신경이 우위로 활동합니다. 교

감 신경이 우위로 활동하면 혈액의 흐름이 촉진되고, 근육도 깨어납니다.

아침 시간에 신체를 움직이면 뇌의 움직임도 활발해집니다. 혈류의 움직임이 좋아져 산소와 영양이 뇌로 확실히 공급되는 동시에 그 상태를 오랜 시간 지속합니다. 집중력이 높아지고, 뇌가 깨어납니다.

아침 운동은 오전 중에 컨디션이 좋지 않아 주의력이 산만해 지는 사람, 울적한 기분 탓에 출근이 힘든 사람에게 특히 효과적입니다.

아침에 하기 좋은 다양한 운동 중에서 울적해지지 않는 운동, 울적해지더라도 금방 회복할 수 있는 운동으로 앞서 언급했던 알파빅스를 소개합니다.

이름만 보고 에어로빅 같은 빠른 운동을 상상할지도 모르지만, 알파빅스는 복식 호흡을 하면서 고무 밴드를 이용해 천천히 실시하는 유산소 운동으로 요가의 형태로 신체를 움직이는 방식을 채택하고 있습니다.

여러분은 요가를 해 본 경험이 있나요? 요가는 신체가

유연한 사람에게는 무척이나 기분 좋은 운동이지요. 하지만 유연성이 없는 사람에게 요가는 고통스러운 동작일 뿐입니다.

그래서 유연성이 없는 사람도 **신체를 움직이는 것은 기분 좋은 일**이라는 점을 느낄 수 있는 운동 프로그램을 만들어야겠다는 생각으로 고안한 운동이 알파빅스입니다.

운동이 서툴고 신체의 유연성이 부족한 사람들도 할 수 있는 운동을 만들기 위해서는 운동 보조 기구가 필요하다고 생각했고, 그 결과 고무 밴드를 사용하는 운동을 만들게 되었습니다.

요가는 스트레칭이 주체이지만, 알파빅스에는 스트레칭 뿐만 아니라 근력 트레이닝의 요소를 담고 싶었습니다. 무리하지 않고 할 수 있는 근력 트레이닝이 되도록 다양한 고무 밴드의 소재를 시험했습니다.

고무 밴드라고 하면 튜브나 세라 밴드 등 다양한 소재가 있지만, 복식 호흡에 맞춰 천천히 신체를 움직일 때 사용하는 밴드는 더욱 부드러워야 하며, 천천히 동작을 되돌릴 때도 편안하게 사용할 수 있는 소재가 좋다고 생각했습니다. 따라서 다양한 소재로 수많은 시행착오를 겪은 끝에 지금의 알파빅스 밴드가 완성되었습니다. 36개의 고무를 능직으로 짠 밴드로 노약자나 임산부 등 누구나 무리 없이 사용할 수 있습니다.

안정시의 심박 리듬으로 실시하는 운동

알파파는 사람의 심신이 안정된 상태에서 나타나는 뇌파로 잘 알려져 있습니다. 긴장을 풀기 위해서는 뇌파를 알파파 상태로 만들어야 합니다.

1분당 60박, 4분의 4박자 리듬의 음악을 들으면 알파파 상태로 유도된다는 사실이 많은 실험을 통해 밝혀졌습니다. 1분당 60박은 안정시 심장 박동 수 리듬이기 때문에 이 리듬의 음악을 들으면 긴장이 풀어집니다.

처음부터 스트레스 매니지먼트의 연수 프로그램의 일환으로 만들었기 때문에 신체를 움직이면서 긴장을 풀 수 있는 음악에 중점을 두고, 알파파 상태를 유도하기 쉬운 리듬의 음악에 맞춰 실시하는 운동으로 고안했습니다.

안정시의 심장 박동 수인 1분당 60박의 리듬 단위로 만들기 위해 저음 부분을 1박 1초로 나눈 음악으로 만들었습니다.

고무 밴드를 사용하면 높은 운동 효과가 나타납니다. 하지만 이번에는 밴드 없이도 할 수 있는 운동법을 배워봅시다.

기본 호흡법이나 운동은 1분당 60박, 4분의 4박자 리듬의 음악에 맞춰 8초간 실시합니다. 8초에 걸쳐 천천히 숨을 내쉬며 늘렸다가, 8초에 걸쳐 천천히 숨을 들이마시면서 되돌아오는 동작을 반복하는 운동을 실시합니다. 아침에 하면 더욱 효과가 좋습니다.

손쉽게 할 수 있는 2가지 운동을 다음과 같이 소개합니다.

하나는 가슴을 펴는 운동이고, 다른 하나는 척추를 늘이는 운동입니다. 참고로 척추를 늘이는 운동은 밴드를 사용할 경우의 그림도 함께 실었습니다.

가슴을 펴는 알파빅스 운동

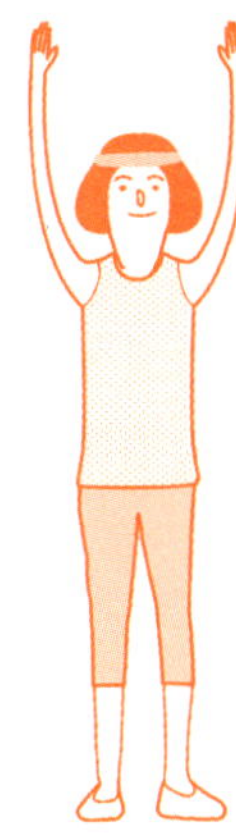

① 다리를 어깨너비로 벌린다.

② 입으로 내뱉는 호흡을 하며
8초에 걸쳐 양손을 올리고
가슴을 크게 편다. 시선은
비스듬하게 전방을 바라본다.

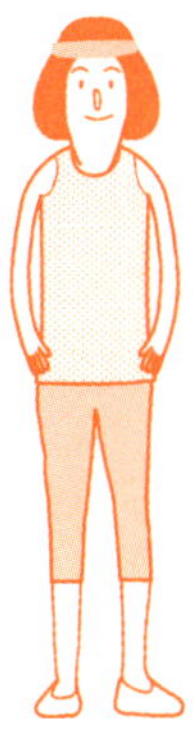

③ 코로 들이마시는 호흡을 하며
8초에 걸쳐 천천히 양손을 내린다.

④ 위의 ②③을 3~5 세트 실시한다.

척추를 늘이는 알파빅스 운동 ____

① 다리를 어깨너비로 벌린다.

② 왼손을 자연스럽게 늘어뜨려
팔꿈치는 겨드랑이에 붙이고,
오른손을 어깨에 올린다.

③ 8초 동안, 숨을 내쉬며 오른손을
위로 뻗어 전신을 기분 좋게 늘인다.

④ 8초 동안, 숨을 들이마시며
오른손을 어깨로 되돌린다.

⑤ 왼손도 ②③④와 동일하게 한다.

⑥ 위의 ②~⑤를 2~4세트 실시한다.

척추를 늘이는 알파빅스 운동(고무 밴드를 사용하는 경우)

① 다리를 어깨너비로 벌린다.

② 밴드를 쥔 오른손을 어깨에 올린다.

③ 8초 동안, 숨을 내쉬며 오른손을 위
로 뻗어 전신을 기분 좋게 늘인다.

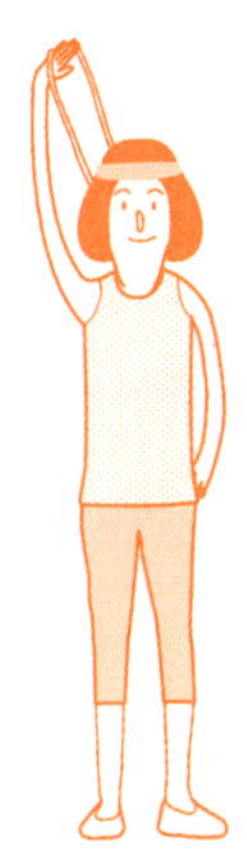

④ 8초 동안, 숨을 들이마시며
오른손을 어깨로 되돌린다.

⑤ 왼손도 ②③④와 동일하게 한다.

⑥ 위의 ②~⑤를 2~4세트 실시한다.

11

울적한 아침에는
바나나를 먹는다

바나나에 포함되어 있는 성분은
신경 전달 물질인 세로토닌의 재료가 되어
정신 안정에 도움이 된다

여러분은 아침 식사로 무엇을 먹나요? 아침밥을 제대로 챙겨 먹은 경우를 비롯해 늦잠으로 아침밥을 굶게 되었을 때도 **바나나**를 먹을 것을 추천합니다.

우울증 증상은 앞서 언급했던 신경 전달 물질인 세로토닌이 부족하기 때문에 나타납니다. 스트레스를 받을 때 우울해지는 메커니즘과 깊은 연관이 있는 물질이 바로 세로토닌입니다.

　세로토닌은 제1장에서도 이야기했듯이 쾌락을 담당하는 도파민이나 기력과 의욕, 분노와 불안 등의 감정을 일으키는 신경 전달 물질 노르아드레날린의 분비를 컨트롤하는 역할을 합니다. 세로토닌이 부족하면 우울해지고 무기력해지며, 짜증이 나고 패닉에 빠지기 쉬운 등 심신이 불안정해집니다. 햇볕을 쬐지 않는 생활이 계속되거나 만성 스트레스가 지속되면 세로토닌 분비가 부족해집니다.

　이처럼 정신 안정에 커다란 역할을 하는 세로토닌의 재료가 되는 필수 아미노산 중 하나가 트립토판입니다. 필수 아미노산은 체내에서 합성하지 못하기 때문에 반드시 음식으로 섭취해야 합니다. 트립토판을 함유한 음식을 골고루 먹으면서 마그네슘, 비타민B6 등 세로토닌을 합성할 때 필요한 영양소를 함께 섭취해야 합니다. 예를 들어 트립토판과 마그네슘을 포함한 음식은 다음과 같습니다.

트립토판과 마그네슘에 모두 포함된 바나나는 울적한 마음을 개선하는 데 도움이 됩니다.

물론 바나나가 아니더라도 먹고 싶은 음식을 먹으면 세로토닌이 활발하게 활동합니다. 특히 바나나는 껍질만 벗기면 간단하게 먹을 수 있으므로 울적해져 아무것도 하고 싶지 않고 아무것도 먹고 싶지 않을 때 먹기 좋은 음식입니다.

바나나는 과일 중에서도 영양이 풍부하고 비타민, 미네랄, 식이섬유가 많이 함유되어 있습니다. 폴리페놀이나 오이게놀 등의 식물영양소*는 체질 개선을 촉진하는 활동을 합니다.

* '파이토케미컬'이라고도 부른다

또한, 바나나는 탄수화물을 분해하여 신체의 에너지원이 되는 당을 만드는 소화 효소를 충분히 포함하고 있습니다. 기본적으로 많은 효소가 포함되어 있지만, 잘 익은 바나나에는 더욱 많은 효소가 들어 있습니다. 바나나가 검은색으로 변하게 되는 이유는 이런 효소 작용 때문입니다.

영양소를 흡수하려면 효소가 필요합니다. 바나나는 천연의 과당을 포함하고 있기 때문에 뇌의 움직임에도 긍정적으로 작용합니다. 또한, 대사 효소가 풍부하여 세포의 신진대사를 촉진시킵니다.

이처럼 바나나는 간단하게 먹을 수 있으면서도 영양이 풍부한 음식입니다. **아침에 바나나**를 먹는 습관은 울적해진 기분을 사라지게 합니다.

12

점심은
가볍게

오후의 쏟아지는 졸음을 예방하려면
혈류가 위장에 모이지 않도록 해야 한다

점심 식사 후 쏟아지는 졸음 때문에 업무 효율이 떨어진 적 있지 않나요? 졸음은 생각지도 못한 실수를 하게 나 새로운 **울적함의 원인**을 만들지도 모릅니다.

점심으로 무거운 식사를 하면 바로 졸음이 몰려오기 때문에 저는 점심 식사를 가볍게 하는 편입니다.

식사 후에는 소화 기관에서 소화 활동을 시작하기 때

문에 혈류가 위장에 집중됩니다. 이로 인해 뇌로 가는 혈액의 순환이 약해지고 혈류가 감소되면서 뇌의 활동이 저하되어 졸음이 몰려오게 됩니다. 특히 과식은 위장에 과한 부담을 줍니다. 혈액이 위장에 집중되는 만큼 뇌로 가는 혈류가 줄어들어 더욱 졸음이 쏟아지게 됩니다.

오후에 업무를 해야 하는 직장인들은 점심을 가볍게 먹는 편이 소화에 부담도 적고, 졸리지 않게 됩니다.

식후 졸음을 일으키는 다른 원인으로 혈당치 변동이 있습니다.

식사 후에는 급격하게 혈당치가 상승합니다. 상승된 혈당치를 낮추기 위해 인슐린이 분비됩니다. 인슐린은 주로 혈당치를 떨어뜨리는 작용을 하며,

혈당치를 일정하게 유지하는 중요한 호르몬입니다

식후 혈당치가 급격하게 오르는 이유는 탄수화물에 포함된 당질이 체내에서 소화되면서 포도당으로 변하기 때문입니다. 탄수화물을 지나치게 많이 섭취하면 혈당치가 급격히 상승하게 되고, 이를 떨어뜨리기 위해 인슐린이 과다 분비되면서 이번에는 저혈당을 초래합니다. 이런 식으로 혈당치의 변동이 일어나게 됩니다.

저혈당은 한마디로 혈액 속의 포도당이 부족한 상태를 말합니다. 포도당은 뇌 활동의 에너지원입니다. 포도당이 부족한 상태에서는 뇌의 활동이 저하되고, 그 결과 졸음이 몰려오게 됩니다.

일반적으로 혈당치를 급격하게 높이는 음식은 곧바로 에너지원으로 바뀌는 밥이나 빵, 면류 등의 탄수화물입니다. 또한, 캔 커피, 주스 등 탄산음료에는 많은 당류와 인공 감미료가 함유되어 있습니다. 현대인은 자신이 모르는 사이에 많은 당질을 섭취하는 경우가 많지요.

오후 시간에 업무 효율을 높이거나 업무에서 실수를

저질러 울적해지지 않기 위해서라도 점심 식사는 우동이나 라면 등의 탄수화물이나 당질이 많이 함유된 주스, 과자, 빵보다는 채소 샌드위치와 무설탕 블랙커피 등 가능한 한 가벼운 식사가 좋습니다.

13

졸릴 때는
쁘띠 명상을 한다

1회 15분, 교감 신경과 부교감 신경의
균형을 잡아 자율 신경을 조절하라

점심 후나 오후 3시의 티타임 때 시간이 비어 잠시 눈이라도 붙여볼까라는 생각이 들 때는 낮잠 대신 명상을 추천합니다. 명상이라고 해도 본격적인 명상이 아닌 **쁘띠 명상**을 말합니다. 쁘띠 명상으로 지친 머리의 긴장을 풀어 보세요.

깨어 있을 때는 언제나 뇌가 활동하는 상태입니다. 바

쁜 업무로 뇌가 지쳐있거나 울적할 때는 **쁘띠 명상**을 해 보세요. 쁘띠 명상은 눈을 감고, 호흡에 의식을 집중시켜 사고를 차단하는 **무無의 경지**에 이르는 것을 목적으로 실시합니다. 익숙해지면 일상의 부산함 속에서도 할 수 있습니다.

사고를 차단하기 위한 보통의 명상은 우선 호흡이 의식을 향하게 하거나, 산스크리트어로 문자나 단어를 뜻하는 만트라를 외우게 합니다. 만트라는 밀교에서 말하는 진언, 다른 종교에서는 제사나 주문 등으로도 불립니다. 쁘띠 명상은 이러한 만트라를 외우는 것이 아니라 **복식 호흡**에 의식을 집중하게 합니다.

아래에 직장에서 할 수 있는 간단한 쁘띠 명상을 소개합니다.

- 편안한 의자에 앉습니다.

- 다리를 어깨너비만큼 벌려주세요.

- 가볍게 눈을 감고, 양손은 양쪽 무릎 위에 올립니다.

- 허리를 천천히 펴고, 어깨에 힘을 뺍니다.

- 우선 배에 힘을 주고, 천천히 입으로 숨을 내뱉습니다.

- 입으로 "후~"하고 소리를 내며 내뱉습니다.

- 숨을 내쉬고 나면, 이번에는 천천히 코로 숨을 들이마십니다.

- 내뱉은 만큼 보충한다는 느낌으로 조금씩 천천히 들이마십니다.

- 다시 한 번, 입으로 천천히 숨을 내쉽니다.

- 뱃속의 공기를 전부 내뱉는다는 느낌으로 숨을 내쉽니다.

- 숨을 내쉬고 나면, 다시 코로 자연스럽게 숨을 들이마십니다.

- 숨을 천천히 입으로 내쉬고, 코로 천천히 숨을 들이마시는 호흡을 반복합니다.

자신의 호흡에 의식을 집중시켜 몸속의 노폐물을 내뱉고, 깨끗한 산소를 몸속에 충분히 들이마신다는 기분으로 실시합니다. 15분 정도 지속하는 것만으로도 마음이 안정되고, 머리가 맑아집니다.

쁘띠 명상은 교감 신경과 부교감 신경의 균형을 잡아주고 자율 신경을 조절합니다. 불안이나 스트레스를 제거하고 몸과 마음을 안정시킵니다. 울적하거나 스트레스가 쌓여 있다고 느껴질 때 마음이 진정됩니다.

쁘띠 명상으로 짧은 시간 안에 사고를 '무無'의 상태로 만들면 머리가 맑아지고, 사고가 명쾌해집니다. 또한, 복식 호흡을 하면 혈액 순환이 잘 되고, 어깨결림이 개선되는 신체적인 효과도 기대할 수 있습니다.

점심시간에 쁘띠 명상을 한번 해 보세요. 울적한 기분이 들 때도 명상이 끝날 무렵에는 마음이 차분해집니다.

14

지쳤을 때 손톱 뿌리를 자극한다

숨을 내쉬며 4초간 누르고,
숨을 들이마시면서 4초간 완화한다

조금 지쳤다는 생각이 들 때는 손톱 뿌리를 자극해 보세요. 구체적으로 설명하자면 검지와 엄지를 사용해 반대편 손가락의 손톱 뿌리를 누릅니다. 숨을 내쉬며 4초간 누르고, 숨을 들이마시면서 4초간 완화하는 방법으로 모든 손가락을 세 번씩 자극합니다.

손톱 뿌리에는 경혈 요법에 사용되는 중요한 혈이 있습

니다. 동양 의학의 하나인 경혈 요법은 중국 황하 유역의 고대 문명과 함께 발전한 의술로 1000년의 역사가 있습니다. 인체에는 365개의 혈이 있다고 합니다. 이 혈자리에 침술과 뜸을 사용해 치료를 실시하는 경혈 요법은 침구 의학이라고도 불립니다. 침구 의학에서 인간의 생명은 육장(심장, 간, 비장, 신장, 폐, 심포)과 육부(담, 위, 소장, 대장, 방광, 삼초)의 활동에 의해 유지된다고 봅니다.

동양 의학에는 '원기', '용기', '기합', '양기', '음기', '기가 세다', '기가 약하다' 등 **'기氣'**가 들어가는 단어가 많습니다. 기에는 형상이 없습니다. 동양에서는 눈에 보이지 않는 기의 에너지가 건강과 관련되어 있다고 생각합니다.

육장육부를 통한 기의 에너지가 통하는 길을 경락이라 부릅니다. 이 기의 에너지 흐름이 나빠지면 질병을 얻게 됩니다. 질병은 기의 병이고, 원기는 기가 원래의 상태로 돌아간다는 원리입니다.

혈은 경락 상에 존재하는 구멍으로 경혈이라고 합니다. 우리의 신체는 이 혈을 통해 체외와 체내로 기가 순환됩니다.

손가락 경락의 시작점은 손톱 뿌리에 있습니다.

엄지손가락 손톱 바깥쪽에서 시작하는 경락을 '폐경肺經'이라고 하며, 이는 폐나 기관지 등 호흡기와 관련되어 있습니다. 엄지손가락 손톱 뿌리의 바깥쪽 혈을 '소상少商'이라고 합니다. 이곳은 폐경의 시작점으로 감기나 기관지염에 걸렸을 때 누르면 좋은 혈입니다. 감기 증상이 보일 때 이 혈을 누르면 통증을 느낄 수 있습니다.

검지손가락 손톱 뿌리에서 엄지손가락 쪽으로 약간 치우친 위치의 경락인 '대장경大腸經'은 대장 활동과 관련이 있습니다. 검지손가락 손톱 뿌리에서 엄지손가락 쪽으로 약간 치우친 혈을 '상양商陽'이라고 합니다. 이곳은 대장경의 시작점으로 소화불량이나 변비, 설사 증상이 나타날 때 누르면 좋은 혈입니다.

중지손가락 손톱 뿌리에서 검지손가락 쪽으로 약간 치우친 위치의 경락인 '심포경心包經'은 심장 및 순환기계 활동에 관련이 있습니다. 이곳에 속하는 혈을 '중충中衝'이라고 합니다. 심포경은 소장과 연결된 경락으로 스트레스성 설사 증상이 나타날 때 누르면 좋은 혈입니다. 약지손가락 손톱 뿌리에서 새끼손가락 쪽으로 약간 치우친 위치의 경락인 '삼초경三焦經'은 림프계나 호르몬계의 활동과 연관되어 있습니다. 이곳에 속하는 혈을 '관충關衝'이라고 하며, 림프계와 호르몬계를 컨트롤하기 때문에 스트레스 증상이 나타나거나 울적해졌을 때 자율 신경 조절에 도움을 줍니다.

새끼손가락에는 '심경心經'과 '소장경小腸經'이 자리하고 있습니다. 새끼손가락 손톱 뿌리에서 약지손가락 쪽으로 치우친 위치의 경락은 '심경'입니다. 이 경락은 심장과 혈액 순환계에 관련되어 있습니다. 이곳에 속하는 혈은 '소충少衝'이라고 하며, 협심증 등 급성 증상이 나타났을 때 자극하면 좋습니다. 새끼손가락 손톱의 바깥쪽 뿌리에서 시작하는 경락은 '소장경'입니다. 이는 소장의 활동을 조절하는 경락입니다. 이곳에 속하는 혈인 '소택少澤'은 위장 상태가 나쁠 때 누르면 좋은 혈입니다.

혈 지압은 운동 중이나 휴식 중에 간편하게 실시할 수 있습니다. 손가락마다 혈의 효과를 확인하며 자극하는 것도 중요하지만, 어렵게 생각하지 말고 조금 지쳤다는 생각이 들 때, 손톱 뿌리를 자극하면 컨디션 회복에 도움이 됩니다. 대중교통을 이용할 때 버스나 지하철 안에서 손톱 뿌리를 자극해 보세요.

손톱 뿌리에 있는 혈

관충
·삼초경의 시작
·자율 신경에 관련
소충
·심경의 시작
·심장/혈액순환계에 관련
중충
·심포경의 시작
·심장/순환계에 관련
상양
·대장경의 시작
·대장에 관련
소상
·폐경의 시작
·호흡기계에 관련
소택
·소장경의 시작
·소장에 관련

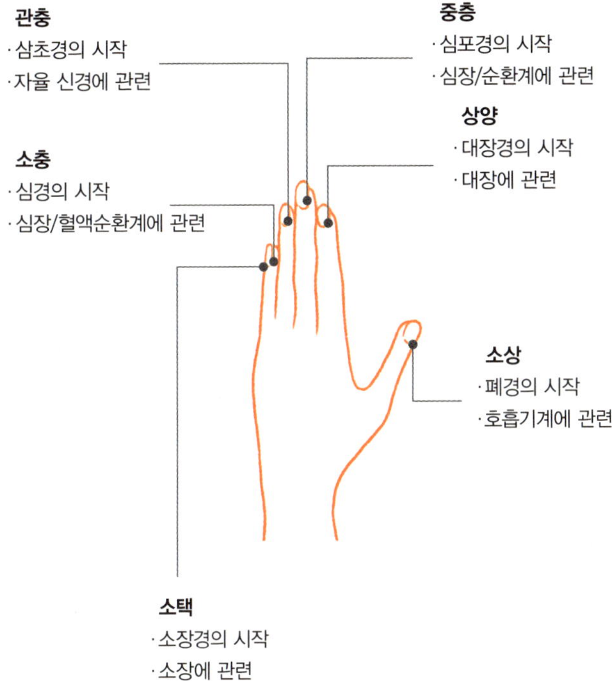

제3장

울적해지지 않는 저녁습관

미지근한 물에 천천히 몸을 담근다

40℃ 이하의 물은 안정 효과를,
42℃ 이상의 물은
교감 신경 자극 효과를 촉진한다

울적한 기분 탓에 아무것도 하고 싶지 않을 때는 미지근한 목욕물에 **느긋하게 몸 담그기**를 추천합니다.

40℃보다 약간 낮은 온도의 물은 몸과 마음을 안정시키는 효과가 있습니다. 울적해져 있을 때나 기분 좋게 잠들고 싶을 때 효과적인 **긴장을 풀어 주는 입욕법**을 다음과 같이 소개합니다.

입욕 전에 수분을 보충하면 탈수 증상을 방지합니다. 목욕시간이 길어지면 많은 양의 땀이 배출되어, 나도 모르는 사이에 탈수 증상이 나타나기 쉽습니다. 이를 방지하기 위해 우선 물을 한 잔 마십니다. 차가운 물보다는 상온의 물이 좋습니다. 일반적으로 물이나 아이스커피, 아이스 티 등 차가운 음료에 얼음을 넣어 더욱 차갑게 만들어 마시는 경향이 있는데, 이렇게 차가운 음료는 몸을 차갑게 만들어 면역력을 저하시킵니다.

욕조에 들어가기 전에는 몸 전체를 가볍게 물로 헹궈 몸에 붙은 먼지를 털어내고, 따뜻하게 몸을 데웁니다. 특히 대중목욕탕에서 가벼운 샤워는 매너이지요. 욕조에 들어갈 때는 발부터 천천히 담급니다. 욕조 안에서는 몸을 기분 좋게 펴면서 몸과 마음의 긴장을 풀어 주세요. 미지근한 물은 혈액 순환을 원활하게 하고, 신진대사를 높여 줍니다.

집에서 목욕을 할 때는 더욱 긴장을 풀어 주기 위해 라벤더나 카모마일 등 아로마 오일을 5~6방울 넣어 향을 즐기는 방법도 추천합니다.

겨울철 입욕 시 귤껍질을 띄우면 신체의 보온을 유지해 주는 효과가 있습니다.

미지근한 물이라도 입욕 시간은 20분이 적당합니다. 장시간 입욕은 발열, 구토, 두통 등의 증상이 나타나는 역효과를 불러일으킬 수 있기 때문입니다.

입욕을 마치기 전에는 낮은 온도의 물을 하반신에 살짝 뿌려 줍니다. 이 방법은 혈관을 수축시켜 방열을 방지하며, 신체를 따뜻한 상태로 유지시켜줍니다.

심장에 부담을 주지 않으면서도 장시간 느긋하게 입욕할 수 있는 효과적인 방법은 하반신만 담그는 반신욕입니다. 다만 겨울철에는 욕실을 따뜻하게 데우지 않으면 상반신이 추워져 긴장을 푸는 효과가 반감되므로 주의해야 합니다. 건강한 사람에게는 신진대사를 높이기 위해 어깨까지 담그는 전신욕을 추천합니다.

욕조에 들어가기 귀찮고 샤워가 좋다는 사람도 많습니다. 샤워에는 마사지 효과가 있기 때문에 샤워로 수압을 느끼는 것도 좋지만, 긴장을 풀고 싶을 때는 적절하지 않습니다. 샤워의 자극은 교감 신경을 자극시켜 신체에 긴장을 풀어 주기는커녕 오히려 각성시키기 때문입니다(반대로 일어나기 힘든 아침이나 정신을 깨고 싶을 때는 교감 신경을 활성화시키는 샤워를 추천합니다).

또한, 샤워는 몸의 표면만을 데워주기 때문에 몸 전체의 온도를 높이는 효과가 작습니다. 뜨거운 물로 샤워를 하더라도 몸속까지 따뜻해지지 않습니다.

42℃ 이상의 뜨거운 물에 몸을 담가도 혈관이 수축되면서 교감 신경을 자극하기 때문에 잠들지 못하게 됩니다. 인간의 몸은 체온이 낮아지면 졸음이 오게 되어 있어 체온이 높아지면 잠들지 못합니다. 잠을 잘 오게 하기 위해서는 취침 1시간 전에 입욕을 끝내도록 하세요.

입욕은 신체와 마음을 치유하고 긴장을 풀어 주는 최고의 방법입니다. 울적하거나 지쳐 있을 때는 만사가 귀찮겠지만 가능하면 샤워가 아닌 욕조에 몸을 담가 보세요.

16

울적한
저녁에는
클래식을 듣는다

4박자 호흡에 맞춘 음악은
심장 박동을 1분에 60박의
느긋한 리듬으로 유도한다

울적할 때 좋아하는 음악을 들으면 마음이 평온해집니다. 당신은 어떤 음악을 좋아하나요? 긴장을 풀기 위해서라면 특히 클래식 음악이 좋습니다. 클래식 음악가로는 바흐, 헨델, 모차르트, 베토벤 등이 유명하지요.

뇌파를 알파파 상태로 유도하는 다양한 방법들 중에서 가장 손쉬운 방법 중 하나가 바로 **음악듣기**입니다. 음악은 인간의 잠재의식 속에서 움직이며, 특별한 심리적·생리적 효과를 일으킵니다. 클래식 음악, 특히 18세기 바로크 음악은 듣기만 해도 알파파 상태로 변하기 쉬우며 정신 안정에 좋다고 여겨집니다. 여기에는 알파파 상태를 유도하기 위해 만들어진 알파파 음악이라 불리는 악곡도 있습니다. 뇌를 알파파 상태로 유도하기 쉬운 알파파 음악은 2장에서 이야기했던 '1분에 60박, 4분의 4박자' 리듬의 음악입니다.

그렇다면 왜 음악이 인간의 잠재의식에 작용하는 걸까요? 여러분도 인간의 대뇌가 좌뇌와 우뇌로 나누어져 있다는 것을 알고 있겠지요. 인간의 우반신이 지각한 정보는 좌뇌에 전달되고, 좌반신이 인식한 정보는 우뇌에서 처리되는데 좌우 두 개의 뇌 정보는 대뇌의 가장 밑에 있는 뇌량이라고 하는 신경 섬유 다발을 통해 교류하게 됩니다.

좌뇌와 우뇌가 각각 다른 역할을 부담한다는 것은 1981년 미국 캘리포니아 대학의 신경생물학자 로저 스페리 박사가 실시한 뇌량절단실험과 편뇌절제실험에 의해 증명되었습니다. 로저 스페리 박사는 수수께끼로 남아있던 우뇌의 움직임을 풀어낸 공로를 인정받아 같은 해 노벨상을 수상했습니다.

뇌량절단과 편뇌절제 모두 간질 환자의 치료 목적으로 실시한 수술로 뇌량절단은 우뇌와 좌뇌를 연결하는 뇌량을 절단했고, 편뇌절제는 좌우 어느 한 쪽의 뇌를 베어내는 수술이었습니다. 로저 스페리 박사는 이 수술을 받은 사람들을 대상으로 다양한 실험을 시도했습니다.

그 결과 대다수 사람의 **좌뇌**는 **이성의 분야**와 밀접하게 관계되어, 주로 이론적·분석적·계산적·언어적·관념적인 영역을 담당한다는 사실을 알게 되었고, **우뇌**는 **창조성의 분야**에 깊게 관여해 주로 직관력이나 감성의 영역, 즉 도형적·음악적·공간적인 영역을 담당한다는 사실이 밝혀졌습니다.

우뇌는 잠재의식 영역의 대부분을 차지한다고 합니다. 음악적 분야는 우뇌가 지휘하기 때문에 귀로 들은 음악은 우뇌를 통해 자연스럽게 인간의 잠재의식에 작용하게 됩니다. 하지만 우리는 일상생활 속에서 좌뇌를 편중해 사용하는 경향이 강하며, 특히 컴퓨터로 업무를 볼 때 이 편중도가 높아지므로 좌뇌가 피로를 호소하는 경우가 많습니다. 클래식 음악이나 알파파 음악은 우뇌를 활성화시켜 결과적으로 지친 좌뇌를 쉬게 하는 효과가 있습니다.

알파파 음악에는 바쁜 일상 속에서 과민해진 신경을 쉬게 해 주는 움직임이 있습니다. 그뿐만 아니라 뇌의 알파파 상태는 암기력을 향상 시키고 뇌의 긴장을 풀어주어 울적할 때도 효과를 볼 수 있습니다. 또한 사물을 외우는 등 뇌의 힘을 발휘시켜야 할 때 유용합니다.

17

잠들기 1시간 전에는 컴퓨터나 스마트폰에서 멀어진다

전자제품 액정 디스플레이에서 나오는
블루라이트는
수면의 질을 떨어뜨린다

울적할 때는 **아무도 만나고 싶지 않은** 느낌이 들 때가 많습니다. 그럴 때는 멍하니 TV나 DVD를 보거나, 컴퓨터나 스마트폰을 검색하게 됩니다. 그런데 잠들기 직전까지 컴퓨터나 스마트폰을 보고 난 후 좀처럼 잠들지 못했던 적이 있지 않나요?

이렇듯 잠들기 전에 스마트폰을 만지면 실제로 수면이

방해되고, 잠들고 나서도 수면의 질이 저하됩니다.

잠에는 멜라토닌이라는 호르몬이 깊이 관여합니다. 이 호르몬은 체온 및 혈압, 맥박을 낮추고, 신체를 수면으로 유도하는 역할을 합니다. 구체적으로 우리의 신체는 주변이 어두워지면 멜라토닌 분비량이 증가하게 되면서 잠이 오게 됩니다. 반대로 낮 시간에 강한 빛을 쬐면 분비량이 줄어들어 신체가 각성하게 됩니다.

이 작용으로 '자다·일어나다'의 리듬이 조절되는데 밤에 TV나 컴퓨터, 스마트폰 등의 빛을 쬐고 있으면 밤인데도 불구하고 멜라토닌의 분비량이 줄어들게 되어 쉽게 잠들지 못하는 원인이 됩니다.

밤에 강한 빛을 쬐는 것뿐만 아니라, 낮 시간에 햇볕을 쬐기 힘든 어두운 방에서 줄곧 지내는 것 역시 멜라토닌 분비가 제대로 조절되지 않아 수면 장애를 초래하며, 심각한 경우에는 불면을 유발합니다.

스마트폰 등 많은 전자기기의 디스플레이에 사용되는 발광다이오드LED가 뿜어내는 푸른빛인 블루라이트는 특히 멜라토닌 분비를 억제시킵니다. 잠들기 전, 어두운 방 안에서 블루라이트를 보는 것은 수면을 방해할 뿐만 아니라 눈의 피로와 통증 등의 원인이 되기도 합니다. 더욱이 화면에 표시된 정보를 읽으면 뇌가 활성화되어 각성 상태로 변하게 됩니다.

블루라이트는 파장이 380~495나노미터 전후의 보라색에서 파란색을 띠는 빛으로 인간이 눈으로 볼 수 있는 빛(가시광선) 중에서 가장 파장이 짧습니다. 이 빛은 에너지가 강하고, 눈 안의 각막이나 수정체에 흡수되지 않아 망막까지 다이렉트로 전달됩니다.

오늘날 우리의 일상에는 블루라이트가 넘쳐납니다. 그만큼 우리의 몸에 충격이 가해지고 있다는 뜻입니다. 잠들기 전에 스마트폰을 사용하게 되면 멜라토닌 분비가 억제되므로 자연스럽게 잠들기가 어려워집니다.

최근에는 일어나서 잠들 때까지 스마트폰을 손에서 놓으면 불안하다고 하는 사람들이 증가하고 있는데, 일단은 **잠들기 한 시간 전에는 스마트폰을 멀리해** 보세요.

18

잠들기 전에
따뜻한 차를 마신다

카페인이 포함되어 있지 않은
'허브티'는 잠들기 전에 마시기 좋은 차

울적할 때는 잠들기 전에 따뜻한 차를 마셔보세요. 마음이 차분해질 겁니다. 밤이 아니더라도 따뜻한 차를 마시면 몸과 마음이 편안해지는 경험은 많이들 해봤을 겁니다.

특히 취침 전에 **허브티**를 추천합니다. 카페인이 포함되어 있지 않아 잠들기 전이나 긴장을 풀어 줄 때 안성맞춤인 차입니다.

허브에는 다양한 생약 성분이 있어 몸과 마음을 치유해 줍니다. 아로마 향수처럼 향이 강하지 않지만 가공하지 않은 자연의 향이 부드럽게 뇌를 자극합니다. 감정을 조절하고 마음을 진정시킵니다. 허브티는 가정에서 포트나 컵을 사용해서 마실 수 있는, 우리 몸 가장 가까이에 있는 테라피 중 하나로 일상 속에서 간편하게 섭취할 수 있습니다.

아마도 즐겨 마시는 사람이 많은 한편 마셔본 적 없는 사람들 중에는 남성이 많을지도 모르겠네요. 그런 사람들에게도 속는 셈치고 한 번 마셔보기를 권합니다. 은은하게 퍼지는 단맛과 끈기, 산뜻한 청량감과 산미, 쌉쌀함 등 허브의 종류나 건조 상태에 따라 드라이 허브나, 프레시 허브 등 다양한 변주를 즐길 수 있습니다. 단품 허브티 각각의 맛과 향에 맞춰 자신이 좋아하는 잎을 선택하고, 자신의 상태에 따라 맞는 티를 발견하는 재미도 있습니다.

저는 일본 허브 테라피스트협회라는 단체도 주재하고 있어 초보자에서 상급자까지 허브의 사용법을 설명하는 기회도 많이 가졌습니다. 실제로 남성들도 시험 삼아 마셨

다가 커피나 와인, 요리에 빠지듯이 허브티에 매력에 빠지는 경우가 의외로 많았습니다.

울적할 때 스스로 치유할 방법을 알고 있는 사람이 강해지기 마련입니다. 맛있다고 생각하며 허브티를 꾸준히 마시는 것은 건강 관리에 가장 좋은 습관입니다. 피로 해소나 체력 향상 등 다양한 효능을 가진 허브도 있습니다. 허브티를 즐겨 마시는 습관이 몸에 배면 틀림없이 체력이 강해지는 것을 실감하게 될 것입니다.

이렇게 마음에 드는 허브티를 즐기는 것처럼 자신이 좋아하는 일과 안식처가 있는 사람은 마음이 울적해져도 긍정적으로 생각할 수 있는 힘을 갖게 됩니다.

잠들지 못할 때는 우선 긴장을 풀어주는 효과가 있는 허브티를 마셔 보세요. 사용하는 허브는 **카모마일·린덴·레몬허브·로즈·패션플라워** 중에서 좋아하는 향의 허브를 골라 마셔 보세요.

단품이여도 좋고, 여러 종류를 섞어도 좋습니다. 어떻게 해야 할지 모를 때는 모든 종류를 동량으로 혼합하거나,

메인을 결정한 후 다른 허브는 메인 허브의 2분의 1의 양으로 섞으세요. 1인분은 작은 스푼 하나입니다. 혼합한 후에 아주 작은 양의 페퍼민트를 더하면 효과가 더욱 높아집니다.

허브티라고 하면 왠지 어렵게 느껴진다는 사람들이 많습니다. 하지만 기본을 지키면 누구나 맛있게 우려낼 수 있습니다. 최근에는 손쉽게 마실 수 있는 티백 타입도 있으니 허브티 초보자들은 우선 티백부터 가볍게 접근해도 좋겠네요.

한밤중에
잠에서 깼다면
일어나는 것도 방법이다

자는 것이 가장 좋은 방법이지만,
잠들지 않는다면
바빠서 할 수 없었던 일들을 해 보자

저는 일본대학 대학원과 츠쿠바대학 대학원의 석사 과정을 마치고, 츠쿠바대학에서 박사 과정을 수료했습니다. 프로필을 알고 계신 분들로부터 공부를 좋아하느냐는 질문을 자주 듣게 되는데요.

사실 제가 대학원에 입학하게 된 계기는 한밤중에 잠이 오지 않았던 덕분이었습니다.

사실 저는 그 시기에 한창 갱년기가 진행 중이었습니다. 갱년기에 들어서면 여성 호르몬인 에스트로겐이 감소되고, 호르몬 균형이 무너지면서 불면에 시달리게 되는 경우가 많습니다. 최근 이러한 갱년기 장애 증상은 여성뿐만 아니라 남성들 사이에서도 많이 나타난다고 합니다.

저도 50대 중반에 갱년기에 들어서면서 한밤중에 눈이 떠지는 일이 많았습니다. 매일 새벽 3시 즈음이 되면 눈이 떠지고 좀처럼 다시 잠들지 못했습니다.

처음에는 멍하니 TV를 잠이 올 때까지 보곤 했지만, TV만 보고 있기에는 시간이 너무 아까워 '이왕 눈이 떠진 거 뭔가 도움이 될 만한 일을 하자'라고 생각하게 되었습니다.

그렇게 관심의 촉은 신문에 실린 일본대학 대학원 석사 과정 광고를 향했습니다. 정보처리학과 석사 과정이었는데, 인터넷을 이용한 수업으로 컴퓨터 자체도 대학에서 빌려주는 시스템이었습니다. 컴퓨터를 사용해서 배우는 석사 과정이라면 한밤중에 눈이 떠졌을 때 공부하기 딱 좋은 과정이라고 생각했습니다(컴퓨터 사용은 앞서 언급했듯이 수면에는 좋지 않습니다만……).

마침 심리학에 관심이 있었던 때라 심리학 관련 전공으로 시험을 본 후 정식 학생이 되었습니다. 그 당시 석사 논문을 쓰고, 석사 학위를 취득한 덕분에 츠쿠바대학 대학원의 석사 과정에도 문제없이 합격을 했습니다. 이후에 박사 과정까지 진학하게 되었고, 그 결과 스포츠 의학 박사 학위까지 취득하게 되었습니다. 한마디로 제가 이렇게 공부하게 된 최초의 계기는 불면이었습니다.

저는 원래 승무원으로 근무하고 있었으므로 시차로 낮과 밤이 바뀌거나 업무 특성상 이틀 정도 자지 못하는 일이 자주 있었습니다. 그래서 밤에 잠이 오지 않아도 잠이 오면 자면 된다는 낙관적인 사고방식을 가지고 있었습니다. 한밤중에 눈이 떠지면 운이 좋다고 생각하고 평소에 바빠서 할 수 없었던 일을 즐겁게 했습니다.

잠이 오지 않으면 억지로 자려고 하지 말고, 눈이 떠진 상황을 즐겨보길 추천합니다. 물론 확실히 잠을 자는 편이 몸에 좋지만 말입니다. 사람은 며칠 동안 잠을 자지 않을 수 없습니다. 어지간한 증상이 아니라면 자신도 모르는 사이에 잠이 오는 타이밍이 있게 마련입니다. 한밤중에 눈이 떠져 잠이 오지 않는다면 이불 속에서 몸부림치거나 수면 유도제 등을 억지로 복용하지 말고 **과감히 일어나 좋아하는 일을 해보세요.** 이것도 잠이 오는 하나의 방법입니다.

20

긴 복식 호흡은
수면에 효과적이다

평소에 조절할 수 없는
자율 신경 움직임에 호흡으로 접근하기

잠이 오지 않을 때는 이불 속에서 느긋하게 **복식 호흡**을 해 보세요.

요가에서도 복식 호흡을 중요하게 여깁니다. 요가의 호흡법은 의식적으로 조절 가능한 호흡 운동의 특징을 활용한, 목적을 가지고 의식적으로 실시하는 호흡법입니다. 동양에서는 기원전 700년 전후부터 건강 관리법으로 존재했다고 여겨지며, 그 목적은 **심신의 조화를 이루는 것**에 있습니다.

우리 몸에 있는 자율 신경은 교감 신경과 부교감 신경이 서로 균형을 잡으며, 호흡·소화·체온조절·대사·내분비 기능 등을 다양한 움직임으로 세분화하여 조절합니다.

평소에는 이 움직임의 대부분을 의식적으로 조절할 수 없습니다. 예를 들어 '오늘은 좀 더 빨리 소화시키고 싶어'라고 생각해도 소화의 속도를 바꿀 수 없을뿐더러, 체온을 내리고 싶어도 좀처럼 조절할 수 없습니다.

다만 호흡은 자신의 의지로 조절 할 수 있습니다. 그뿐만 아니라 호흡 방식에 따라 반대로 교감 신경과 부교감 신경의 움직임을 조절하는 것도 가능합니다. 호흡법은 자율 신경의 균형을 의식적으로 조절할 수 있는 방법 중 하나입니다.

호흡에는 2가지 종류가 있습니다.

갈비뼈와 가슴뼈, 척추를 연동시켜 여닫는 호흡으로, 이들을 둘러싸고 있는 가슴부분을 신축시키는 가슴 호흡과 배를 부풀리거나 줄이는 호흡으로 횡격막을 상하로 움직여 가슴을 수축시키는 복식 호흡입니다.

가슴 호흡은 산소가 많이 필요한 운동 시에 효과가 좋으며, 복식 호흡은 심신의 긴장을 풀어 주는 데 효과가 높습니다.

복식 호흡은 숨을 내쉴 때 때 복압*이 생겨 횡격막이 위로 올라갈 때 폐 속 깊이 가라앉아 있는 공기를 내보냅니다. 숨을 들이마실 때는 횡격막이 내려오고 폐가 넓어지면서 폐의 안쪽 깊이까지 신선한 공기가 들어갑니다.

횡격막을 상하로 움직이는 것은 장기를 마사지하는 효과가 있습니다. 천천히 복식 호흡을 하면 부교감 신경이 촉진되면서 신체의 긴장을 풀어 줍니다.

이번에는 실제로 복식 호흡을 연습해 봅시다. 이부자리에 누워 잠들지 않을 때를 상상하며, 잠들지 않아 뒤척이는 상태에서 복식 호흡을 하는 방법을 설명하겠습니다.

* 배 근육과 가로막의 수축으로 생기는 배안의 압력

<복식 호흡법>

- 몸을 뉘어 위를 향한 상태에서 양발은 골반 너비로 벌립니다.

- 어깨에 힘을 빼고, 양손을 배꼽 근처에 올립니다.

- 우선 천천히 입으로 숨을 내쉽니다.

- 배에 힘을 주고, 배가 쑥 꺼질 만큼 입으로 천천히 숨을
  내쉽니다. 배가 줄어들고 숨을 모두 내쉬었다면, 배의
  긴장을 풀어 줍니다. 이렇게 하면 자연스럽게 숨이 쉬어집니다.

- 숨을 들이마실 때는 내뱉은 만큼 보충한다는
  생각으로 코로 천천히 들이마십니다.

- 리듬감이 생기면 내뱉는 호흡, 들이마시는 호흡을 점차 길게
  해 보세요.

- 잠들지 못할 때나 긴장을 풀고 싶을 때는 의식해서
  긴 복식 호흡을 해 보세요.

21

잠들지 못할 때는 엄지발가락 마사지를 한다

다리의 특정 부분을 마사지하면
신체의 장기 기능을 회복시킬 수 있다

잠들지 못할 때나 머리가 아플 때는 엄지발가락 관절 윗부분(발톱이 있는 쪽)이 경직되어 있는 경우가 많습니다. 이 부분을 마사지로 풀어 주면 머리가 맑아져 쉽게 잠들 수 있습니다. 이것은 **반사요법**reflexology의 일종으로 엄지발가락 관절 윗부분이 머리의 반사구이기 때문입니다. 따라서 잠들지 못할 때는 **엄지발가락**을 주무른 것만으로도 수면 효과를 기대할 수 있습니다.

반사요법은 신체의 각 장기 기능이 신체의 말단인 발바닥, 손, 귀 등에 투영된다는 사고방식이 바탕에 깔려 있습니다. 투영된 반사구를 자극하면 실제로 신체의 장기 기능을 회복시킬 수 있다고 합니다.

1913년, 미국 코네티컷 주 하트퍼드의 성 프란시스 병원에서 이비인후과·외과 의사로 근무했던 윌리엄 피츠제럴드 박사는 신체의 표면이나 이비인후과 영역의 일부에 압력을 가하면 다른 부위의 통증이 완화되거나 없어지는 마취효과 연구를 시작했습니다. 그리고 인체의 특정 부위를 압박하면 떨어진 다른 부위에서도 동일한 효과가 나타나는 것을 발견했습니다. 존 테라피(구대요법)라고 불리는 이 사고방식이 반사요법의 기초입니다.

이 사고방식은 특히 발에 주목했던 미국의 이학요법사 유니스 잉햄* 여사에 의해 발의 반사요법으로 완성되었으

---

* 유니스 잉햄(Eunice Ingham, 1879-1974)은 현대적 발반사요법의 어머니로 불린다.

며, 독일의 한느 마르카트_{Hanne Marquardt} 여사에 의해 전 세계에 보급되었습니다.

발의 반사구 그림을 본 적이 있나요? 인터넷에 '발의 반사구'라고 검색하면 수많은 그림이 나오는데, 인간의 신체 부위 전체가 발에 투영되어 있다고 합니다. 부조화가 나타나는 부위의 반사구를 자극하면 통증이 제거되거나 기능이 회복되어 건강한 상태로 되돌릴 수 있습니다.

발가락에는 견갑골 윗부분, 즉 머리와 얼굴의 반사구가 있습니다. 엄지발가락 관절 윗부분은 머리, 엄지발가락 관절 아랫부분은 목의 반사구입니다. 목이 결릴 때는 이 부분을 주무르듯 마사지하면 목이 편안해집니다. 검지발가락과 중지발가락은 눈의 반사구이며, 약지발가락과 소지발가락은 귀의 반사구입니다. 이곳에는 편도선의 반사구도 있기 때문에 감기 증상이 나타날 때 이곳을 마사지하면 빠르게 회복할 수 있습니다.

발가락 시작점에서 세 손가락 정도 아래가 어깨의 반사구입니다. 어깨가 결릴 때 이곳을 자극하면 어깨가 편안해 집니다. 신체 마사지는 근육과 뼈에 접근하는 치료 방법이고, 발의 반사요법은 장기 기능에까지 접근하는 치료법입니다.

발의 반사요법은 기능이 저하된 장기나 신체의 노폐물과 독소가 발바닥의 해당 반사구에 쌓여 있다고 봅니다. 실제로 손으로 만져보면 경직되어 있거나 뭉쳐있는 경우가 있는데, 이 상태를 크리스탈이라고 부릅니다. 이 부분을 자극하거나 주무르면 혈액의 노폐물이나 독소가 신장을 통해 소변 등으로 배출됩니다.

따라서 발의 반사요법을 받은 후 배출되는 소변은 색이 진하거나, 냄새가 강하기도 합니다. 이렇게 체외 배출인 소변을 통해 첫 효과를 볼 수 있습니다. 그러므로 반사요법을 받은 후에는 소변을 쉽게 보기 위해 수분을 충분히 섭취해야 합니다. 발의 반사요법을 실시하는 대부분의 마사지실에서 차나 물을 제공하는 이유가 바로 여기에 있습니다.

22

좀처럼
잠들지 못할 때 하는
상상 입면법

양을 세기보다 폭포 같은
아름다운 풍경 떠올리며 잠을 유도한다

울적할 때는 생각이 꼬리에 꼬리를 물어 좀처럼 잠들지 못하는 경우가 많습니다. 그럴 때 불안한 생각을 하기 시작하면 불안이 눈 덩어리처럼 커져 나쁜 소용돌이에 빠지기 십상입니다.

불안감은 뇌의 내측 전전두엽이라고 불리는 부분과 크게 관련되어 있습니다. 이 부분은 자신의 기분이나 현상을 객관적으로 보려는 활동을 하며, 이 활동이 약해지면 모두가 이상하게 느끼는 생각조차 객관적으로 볼 수 없게 되어 불안이 커지게 됩니다. 불안은 뇌 속에서 언어를 담당하는 언어 중추와 밀접한 관계에 있습니다. 그래서 고민이나 불안으로 잠들지 못할 때는 머릿속에서 생각하는 불안감 대신 다른 상황을 떠올리는 방법이 효과적이라고 이전부터 전해지고 있습니다.

잠들지 못할 때 '양 한 마리, 양 두 마리, 양 세 마리……' 하고 많은 사람이 양을 세어 본 경험이 있을 겁니다. 양의 수를 세면 언어로 불안한 사고를 방해하거나 차단하는 효과가 있습니다. 양을 세는 것으로 잠들 수 있는가 없는가의 여부는 상황이나 그 사람의 성질에 따라 달라지며, 암시에 걸리기 쉬운 사람이라면 어느 정도 효과를 기대할 수 있다고 생각합니다.

그런데 2002년 영국 옥스퍼드대학에서 발표한 실험 결과에 의하면 양의 수를 세는 방법은 자연스럽게 잠이 드는 방법으로 적절하지 않다는 연구 결과가 나왔습니다.

이 실험은 피험자를 3가지 그룹으로 나누어 실시했습니다.

첫 번째 그룹은 잠을 자기 전에 양을 세도록 했습니다. 두 번째 그룹은 아무것도 하지 말고 그대로 잠들도록 했습니다. 세 번째 그룹은 자기 전에 바닷가에 밀려오는 파도나 흐르는 폭포를 상상하게 했습니다.

그 결과, 양을 센 첫 번째 그룹이나 아무것도 하지 않은 두 번째 그룹에 비해 파도나 폭포를 떠올린 세 번째 그룹이 평균적으로 20분 정도 빨리 잠이 드는 결과가 나왔습니다. 즉, 양을 세는 것보다 폭포 등의 아름다운 배경을 떠올리는 편이 빨리 잠드는 데 효과적이라는 것입니다. 게다가 양의 수를 셀 때 오히려 뇌가 각성된다는 견해도 있었습니다.

아름다운 배경을 상상하기

이불 속에 들어가 잠들기 전에 아름다운 배경이나 행복한 광경을 상상하는 것이 상상 입면법입니다. 상상은 자신이 생각했을 때 아름답고 행복한 기분이 들면 무엇이든

좋습니다.

예를 들어 제가 잠들지 못할 때 떠올리는 상상 입면은 우주입니다. 눈을 감고 거대한 천공에 사로잡힌 듯한 이미지를 그립니다. 아름다운 별이 빛나는 크고 넓은 우주를 떠올리면, 생각이나 고민이 아주 작은 일이라는 생각이 들면서 기분이 편해지고 자연스럽게 꿈나라로 떠나게 됩니다.

이미지를 주로 지배하는 곳은 우뇌입니다. 알파파 음

악이 나오는 부분에서도 언급했지만, 우리는 일상생활에서 좌뇌를 사용하는 경우가 많습니다. 상상하기를 통해서 우뇌를 자극하면 좌뇌를 쉬게 하는 효과를 가져다줍니다. 상상하기는 과민해져 있는 신경에 휴식을 주고, 뇌를 알파파 상태로 쉽게 이끌어 잠을 유도합니다. 잠들지 못하는 이유는 신경이 흥분되고 예민해진 상태로 잠들려고 하는 데 원인이 있는 경우가 많습니다.

잠자리에 들 때는 아름다운 풍경이나 행복한 풍경을 상상하며 마음을 안정된 상태로 바꾸어 잠들 수 있도록 해 보세요.

제 4 장

울적함이
확 줄어드는 기술

울적함이 확 줄어드는 기술 ❶
일부러 웃기

웃으면 면역력이 높아지고
행복감을 주는 뇌 속 호르몬
엔돌핀이 분비된다

울적할 때 **웃음**은 기분을 좋게 합니다.

일에 실패하거나, 누군가에게 야단을 맞아 '오늘은 더 이상 아무것도 생각하고 싶지 않아'라는 생각이 드는 날에는 아무 생각 없이 영화나 드라마를 보는 것만으로도 기분이 조금 개운해집니다. 어려운 내용보다는 터무니없이 웃기는 내용이 기분 전환에 도움이 됩니다.

울적할 땐 재미있어서 웃는 게 아니라 웃음 자체가 목적이 됩니다. 웃어서 즐거운 기분으로 만들고 싶다는 감정이 강한 것이겠지요. 영화의 광고 문구를 보면 최근에는 스토리의 중요성을 호소하기보다 **감정**을 전면에 내세워 직설적으로 표현하는 것을 알 수 있습니다. '눈물이 납니다'라고 직접 말하는 편이 효과적이라고 합니다.

어려운 내용을 뺀 감정 단계에서 '웃고 싶다, 웃음으로 울적한 기분을 치유하고 싶다, 행복함을 얻고 싶다'라는 것이 인간의 본성에 있는 강한 바람일지도 모르겠습니다.

울적할 때는 웃음이 나오지 않지요. 괜스레 고개가 숙여지고, 어두운 얼굴이 되기 마련입니다. 이럴 때 의식해서 거울을 보고, 억지로라도 좋으니 일단 한 번 방긋 웃어 보세요. 몸에서 힘이 빠져나가면서 긴장이 풀리게 됩니다.

우리는 기쁘거나 우스꽝스러운 상황이 되면 웃어야 하다고 막연하게 생각하며, 대부분의 학자는 우선 유쾌한 감정이 있어야 유쾌한 웃음이 만들어 진다고 생각한다. 하지만 처음에 느낀 감정의 결과

철학자이자 심리학자인 윌리엄 제임스는 19세기 말 감정에 대한 최초의 심리학 이론인 '제임스·랑게 이론'을 발표했습니다(같은 시기에 랑게라는 연구자가 같은 이론을 발표했기 때문에 두 사람의 이름을 함께 넣어 부릅니다).

이 이론은 한마디로 **'사람은 기뻐서 웃는 것이 아니라, 웃어서 기쁜 것이다'**로 요약됩니다.

일본에서도 웃음의 메커니즘이나 의학적인 효과에 대한 연구가 진행되고 있습니다. 『사람은 왜 웃는가?』*의 공동저자이기도 한 간사이복지과학대학의 시미즈 아키라 교수는 웃음을 **유쾌한 웃음, 사교상의 웃음, 긴장완화 웃음** 이렇게 3가지로 분류합니다.

유쾌한 웃음은 즐거운 감정일 때 나타납니다. 사교상의

* 人はなぜ笑うのか, 고단샤, 1994. 국내 미출간

웃음은 인사를 나눌 때 짓는 웃음으로 커뮤니케이션의 도구가 됩니다. 긴장 완화의 웃음은 긴장을 완화시키려 할 때 짓게 되는 표정을 말합니다.

웃으면 행복감을 느끼게 하는 뇌 속 호르몬인 엔돌핀이 분비됩니다. 또한, 웃음은 면역력을 높인다는 의학적인 연구도 많이 발표되었습니다.

웃음은 커뮤니케이션에도 중요한 요소입니다. 어색한 상대와 이야기를 주고받을 때, 의식해서 웃는 얼굴을 만들면 서로의 관계를 부드럽게 만드는 데 효과적입니다.

의사소통을 어렵게 생각하는 사람은 매일 아침 양치를 할 때 입꼬리를 올리고 거울을 향해 웃는 얼굴을 만드는 연습을 해 보세요. 자연스럽게 웃는 얼굴이 되면, 지금보다 더욱 의사소통이 잘 이루어질 테니까요.

웃는 얼굴을 만들 때는 입꼬리를 올리고, 광대에 있는 근육이나 눈 주변의 안륜근 등 표정근육을 움직이게 되는데, 울적할 때 이 표정근육을 움직이면 뇌가 웃고 있다고 착각해 기분을 좋게 합니다.

저는 접대 매너 연수나 비즈니스 매너 연수를 진행할 때, 웃는 얼굴 만들기 연습을 지도하고 있습니다. 서로의 얼굴을 마주하고, 입꼬리를 올려 가장 뛰어나게 웃는 얼굴을 만든 다음 서로의 웃는 얼굴을 평가하게 하고 있습니다.

웃는 얼굴 표정 연습 후에는 교실 분위기가 더욱 온화해지고 고조됩니다. 웃는 얼굴은 '**당신을 받아들이겠습니다**'라는 **수용의 표현**입니다. 스스로 웃는 얼굴을 만드는 일도, 웃는 얼굴로 인사를 나누는 일도 마음을 온화하게 만들어 줍니다. 그러니까 울적할 때야말로 억지로라도 자신을 위해 웃는 얼굴을 만들어 보세요.

24

울적함이 확 줄어드는 기술 ❷
큰소리 내기

최근 큰소리를 내 본 적이 있나요? 일상생활에서는 이런 기회가 의외로 적지요. 있는 힘껏 소리를 지르면 홀가분한 기분이 들게 되는데 여기에는 의학적인 이유가 있습니다.

큰소리를 내면 신체가 긴장하게 되는데 이때 교감 신경이 촉진됩니다. 이후 이 반동으로 부교감 신경이 자극되어 전신에 긴장이 풀어지게 됩니다.

또한, 큰소리를 내는 것은 뇌에 자극을 주어 아드레날린 분비를 활성화시킵니다. 짜증이 나거나 답답할 때, 자신이 억누를 수 없는 감정을 무언가에 쏟아붓고 싶을 때 폭력적으로 그릇을 깨거나 벽을 두드리는 행동을 하는 것도 바로 이 아드레날린 때문입니다.

어떻게 해도 스트레스가 쌓이고, 짜증이 날 때는 방문을 걸어 잠그고 음악을 크게 틀거나 있는 힘껏 소리를 지르는 것이 효과적입니다. 큰소리를 지르는 것은 다른 사람에게 민폐를 끼치지 않고 자신의 감정을 컨트롤 할 수 있는 방법 중 하나입니다. 있는 힘껏 외치면 스트레스 발산 효과를 얻기 쉽고, 기분이 홀가분해집니다.

평소에 **스트레스가 쌓였다**고 느낄 때는 큰소리를 내며 스트레스를 발산시켜 보세요.

당신은 언제 큰소리를 내나요? 야구나 축구 등의 스포츠를 관전하며 자신이 응원하는 선수나 팀이 질 것 같을 때, 혹은 멋지게 승리를 장식할 때 자신도 모르게 큰소리를 내지 않나요?

스포츠 관전의 묘미 중 하나는 소리를 지르는 것일지도 모릅니다. 스포츠 관전은 남의 눈을 의식하지 않고 즐겁게 큰소리를 지르게 합니다.

저도 TV에서 축구 국가대표 경기를 관전하며 선수들이 골을 넣으면 '앗싸!'라든가 반대로 상대편에게 골을 먹히면 '뭐하는 거야!'라며 저도 모르게 큰소리를 지르곤 합니다. 남편에게 '시끄러워'라든가 '어른스럽게 관전하면 안돼?' 등의 잔소리를 들으면서도 흥분하며 스포츠를 관전한답니다.

큰소리로 **노래**하는 방법도 스트레스를 발산시키는 데 효과적입니다. 노래방에서 큰 목소리로 좋아하는 노래를 부르면 도파민이 분비되어 뇌 전체가 활성화됩니다. 리듬에 맞춰 몸을 움직이며 큰소리로 노래를 부르면 울적했던 기분이 상쾌해집니다.

또한, 단전으로부터 큰소리를 내고, 복식 호흡으로 노래하는 것은 체내의 산소량을 증가시킵니다. 큰소리를 내면 횡격막의 상하 운동을 촉진시켜 혈액 순환이 잘 됩니다. 이러한 활동은 면역력을 향상시키기도 합니다.

최근 1인 노래방이 유행하는 것도 이런 이유 중 하나일 것입니다. 방음이 되는 방이라면 다른 사람의 방해 없이, 노래를 하지 않더라도 큰소리를 지를 수 있습니다.

목소리를 내는 것은 뇌의 활동과 크게 연관되어 있습니다. **'실패하면 어쩌지?', '잘할 수 있을까?'** 등의 불안한 잡념을 날려 버릴 수 있습니다. 목소리를 내는 것이 대뇌의 전전두엽에 작용하여 불안한 생각을 차단해 주고, 잡념을 날려 버려 줍니다.

울적할 때는 있는 힘껏 큰소리를 질러 보세요.

25

울적함이 확 줄어드는 기술 ❸
가볍게
산책하기

운동은 신체뿐만 아니라
뇌도 활성화되기 때문에
스트레스 예방에 효과적이다

일반적으로 대부분의 사람이 운동 후 상쾌한 기분이 드는 이유는 근육의 긴장이 완화되거나 혹은 뇌 속에 쾌락 호르몬이 증가하여 스트레스가 해소되었기 때문입니다.

하지만 미국의 의학박사 존 레이티는 저서 『운동화 신은 뇌』(이상헌 역, 북섬)에서 운동을 통해 유쾌한 기분이 드는 이유는 심장에서 혈액을 왕성하게 공급해 주면 뇌가 최적의 상태가 되기 때문이라고 말합니다. 그리고 운동이 뇌에 미치는 효과는 신체에 나타나는 효과보다 훨씬 중요하며, 근력이나 심폐 기능이 개선되는 것은 오히려 부산물에 불과하고 운동을 하는 진정한 목적은 **뇌의 구조를 개선하는 것**이라고 말합니다.

현대 사회에서 스트레스는 큰 사회 문제로 대두되고 있습니다. 다양한 스트레스가 사람을 울적하게 합니다. 이러한 스트레스 사회에 대한 대책으로 여러 연구가 진행되어 왔습니다. 그중에서 스트레스 예방이나 우울증 개선에 **운동**이 효과적이라는 보고가 각국에서 발표되고 있습니다.

예를 들어 운동을 하면 세로토닌 및 노르아드레날린*, 도파민 등 사고나 감정에 관련된 주요 신경 전달 물질이 증가한다는 사실은 다수의 실험으로 증명되었습니다.

저도 이전에 언급했던 알파빅스가 면역 기능이나 심리적인 면에서 어떠한 영향을 미치는가에 대해 대학원 박사

---

* 스트레스 호르몬의 하나이며, 주의와 충동성이 제어되고 있는 인간의 뇌 부분에 영향을 끼친다.

과정 당시 실험을 진행했습니다. 그 결과, 알파빅스를 매주 1회, 1개월 실시하는 것만으로도 자기긍정감 척도가 상승했고, 우울증 측정 지수 및 자기 부정감 지수가 현격하게 저하되었으며, 정신적인 면이 개선되었다는 사실을 알게 되었습니다.

저는 면역 세포가 교감 신경과 부교감 신경의 균형에 어떠한 영향을 미치는가에 대한 실험도 실시했습니다.

백혈구는 신체의 방위라는 면에서 면역을 담당하는 세포로서 림프구, 과립구, 단구라고 불리는 세포를 총칭하는데 세포별로는 다음과 같은 역할을 합니다.

림프구	모든 외부 물질을 공격한다. 특히 바이러스와 같은 미세한 외부 물질에 대응한다.
과립구	대부분(90~95%)이 호중구로 불리는 세포로 세균 등에 대응한다.
단구	백혈구의 3~6%를 차지하며 감염에 대한 면역 반응을 개시하는 중요한 역할을 담당한다.

림프구는 교감 신경이 우위일 때 감소하고, 부교감 신경이 우위일 때 증가합니다. 그에 반해 과립구는 교감 신경이 우위일 때 증가하고, 부교감 신경이 우위일 때 감소합니다.

교감 신경이 지나치게 우위를 점하거나, 부교감 신경이 지나치게 우위를 점할 때 건강에 문제가 생깁니다. 중요한 점은 균형입니다. 림프구의 비중은 백혈구 전체의 35~41%가 적절하며, 과립구는 60~54%가 가장 좋습니다.

주 1회 알파빅스를 실시한 결과, 1개월 후, 2개월 후 시간이 지날수록 피실험자의 백혈구 균형이 좋아진 것을 발견했습니다.

알파빅스가 아니라도 운동을 하면 뇌가 활성화되어 스트레스 예방에도 효과적입니다. 산책이어도 좋습니다. 울적할 때는 운동을 해 보세요.

울적함을 대비하는 간단한 훈련

자신을 객관적으로 보고,
감정을 조절하는 힘은
간단한 훈련으로 키울 수 있다

울적해질 것만 같을 때 간단한 훈련으로 울적함을 알아채고, **회피**하게 하는 기술이 있습니다.

아침에 옷을 입으면서 오른쪽 주머니에 클립 100개 넣어둔 다음, 하루 동안 평소처럼 생활합니다. 울적해질 것 같은 순간이 오거나, 부정적인 생각이 들 때마다 클립을 한 개씩 왼쪽 주머니로 옮깁니다.

하루를 마치고 밤이 되면 왼쪽 주머니에 들어 있는 클립의 개수를 세어 보세요. 즉, 그 클립의 개수는 하루 동안 울적해진 횟수가 되겠지요.

이 방법은 클립의 수를 세어 보는 것으로 울적한 생각을 객관적으로 바라보고, 회피할 수 있는 방법으로 잘 알려진 훈련입니다. 하루를 마치고 클립의 개수를 셀 때 왼쪽 주머니에 있는 클립이 점차 줄어든다면 울적한 횟수도 감소했다는 증거가 됩니다.

고무 밴드를 사용해 훈련하는 사람도 있습니다. 이 방법은 고무 밴드를 왼쪽 손목에 차 두었다가 짜증이 나거나 소극적인 감정이 들 때 고무 밴드를 오른쪽 손목으로 바꿔 차는 것입니다.

이 방법을 심리학계에서는 혐오동기부여라고 부릅니다. 벌과 연동시켜 좋아하지 않는 반응을 지워가는 사고방식입니다. 자기 자신이 지금 어떤 심리 상태에 있는지 정확하게 이해할 수 있으며, 울적해지기 쉬운 성격을 개선하는 데 도움이 됩니다.

저는 울적해질 것 같을 때 **셀프토크**를 활용하고 있습니다. 셀프토크란 그 사람의 입버릇을 말합니다. 입버릇은 그 사람의 마음의 소리를 나타낸다고들 하지요. 잠재적인 의식이 자신도 모르는 사이에 말로 나오는 것일수도 있습니다.

울적해지기 쉬운 사람은 사물을 부정적으로 받아들이는 경향이 있으며, 마이너스 셀프토크가 많은 편입니다. '어차피 나는 안 되니까', '나는 재수 없는 인간이다', '모두 나를 무시해' 등이 마이너스 셀프토크입니다.

저는 마이너스 셀프토크가 나올 것 같을 때는 그 생활을 플러스 셀프토크로 바꾸려고 노력합니다. '신경 쓰지 마', '괜찮아', '잘 될 거야' 등의 플러스 셀프토크로 말이죠.

아침부터 싫은 일만 계속된다면 '오늘은 재수가 없네……'라는 마이너스 셀프토크가 머릿속에 떠오르게 되지요. 그럴 때는 지금까지 경험했던 '재수 없었던 일'을 이것저것 떠올려 본 다음 '뭐야, 그렇게 재수 없는 건 아니네. 괜찮아, 다음에는 잘 될 거야'라고 기분을 전환해 보세요.

여러분도 마이너스 셀프토크가 튀어나올 것만 같을 때

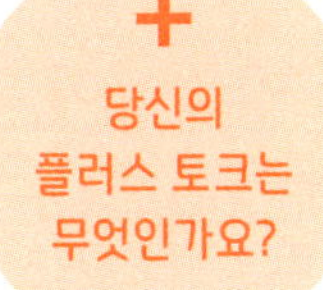

는 반대로 플러스 셀프토크를 생각해 보세요. 사고를 조금만 바꿔도 기분이 편안하고 좋아집니다.

마이너스를 생각하기 시작하면 마이너스 소용돌이에 갇히게 됩니다. 인간은 한 번에 2가지를 생각할 수 없습니다. 마이너스 사고와 플러스 사고를 함께 할 수 없다는 뜻입니다. 그렇다면 언제나 플러스 사고를 가지도록 습관화하는 편이 좋겠지요.

평소에도 플러스 셀프토크를 하는 작은 습관을 들이면 마음이 플러스로 변해 울적해지지 않게 됩니다.

27

울적해진 이유를 쓰면
마음이 정리된다

울적할 때 울적해진 이유를 종이에 쓰면 마음이 정리됩니다.

예를 들어 몇 번이나 영업 방문을 해 겨우 거래가 성사되나 싶었는데 거래처 담당자가 갑자기 부서를 이동하는 바람에 다시 처음부터 시작해야 하는 상황이 되어 버리거나, 혹은 아침부터 컴퓨터로 데이터를 정리했는데 갑자기 전원이 꺼져 몇 시간이 걸려 작성한 데이터가 날아가 버린 등 업무를 하다 보면 울적해질 때가 한두 번이 아니지요.

이런 생각은 가슴속에 묻어 두지 말고 손으로 쓰는 행동을 통해 발산시킬 수 있습니다. 또한, 쓰다 보면 개선책을 발견하기도 합니다.

종이에 문장을 쓰는 행동은 뇌의 다양한 부분의 활동이 필요합니다. 이미지를 그리고, 문장을 조합하기 위해서는 생각을 해야 합니다. 내용을 손으로 실제 쓰는 행위는 각각 좌우 뇌와 신체 각 부위로 움직임의 명령을 내리는 뇌 속의 피질 운동 영역 등 많은 부위가 관련된 고도의 작업입니다. 그렇기 때문에 쓰는 행동은 뇌의 움직임을 활성화시킵니다.

게다가 쓰는 행위를 통해 자신의 생각이나 행동을 객관적으로 볼 수 있습니다. 우선 종이 위에 생각을 쓰면서 **한 발짝 떨어진 시점**에서 보면 머리로 하는 생각만으로는 알 수 없었던 것들이 보이기도 합니다.

또한, 쓰는 행동은 사고의 전환을 가져오기도 합니다.

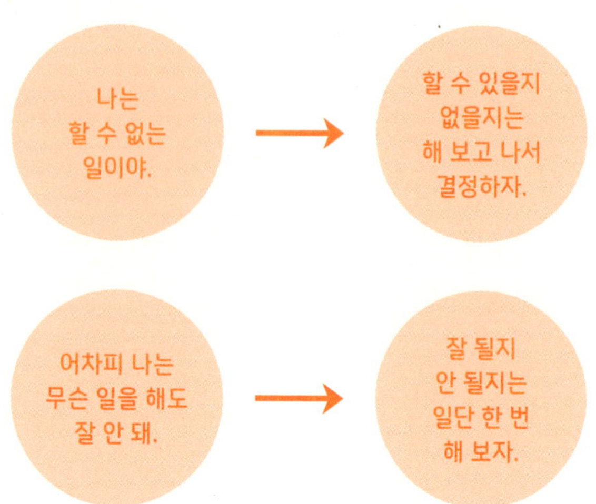

예를 들어 울적할 때 드는 부정적인 사고를 긍정적인 말로 바꾸어 써 보세요. 이 방법을 계속해서 반복하면 울적할 때 자신을 건강하게 되돌릴 수 있는 사고 회로가 완성됩니다.

종이에 쓰는 일이 귀찮을 수도 있지만 마음이 정리되지 않은 채, 괴로움을 안고 지내는 것은 정신 건강에 좋지 않습니다.

울적한 이유를 문장으로 쓴 다음 읽어 보면 '다시 생각해 보니까, 별 일 아니네', '나는 이런 걸 싫어하는구나', '이

번 일은 내가 다 책임지지 않아도 되는 일이었네', '뭐야 이렇게 하는 게 더 나았구나' 하고 객관적으로 자신의 감정이나 생각, 입장을 분석하게 됩니다. 또한, 이 방법을 통해 스스로 납득하거나 기분이 전환되는 등 해결 방향이 잡히는 경우도 많습니다.

울적한 이유 외에도 신경 쓰이는 일, 생각을 해야만 하는 일 등을 종이에 써서 벽이나 책상에 붙여 두면 볼 때마다 머릿속에 문제점이 새겨져 지하철 안에서나 욕조에 들어가 있을 때 등 찰나의 순간에 좋은 아이디어가 떠오르기도 합니다. 사고를 일단 머리 밖으로 꺼내서 보는 것은 다양한 효과를 불러일으킵니다.

울적할 때 울적한 이유를 써서 정리하는 것으로 마음을 차분하게 정리해 보세요.

28

'나는 나, 남은 남'이라고 딱 잘라 생각한다

'완벽해 보이는 사람'도
다른 사람에게 말 못할 고민이 있다

업무상 실수로 혼났을 때 상사는 언제나 나만 꾸짖는다고 생각하지 않나요? 아침에 복도에서 상사와 마주쳤을 때 인사를 받아 주지 않으면 저 사람은 나를 싫어하는 게 분명하다고 생각하게 됩니다. 이런 일들은 비일비재하지요.

다만 이런 일들이 정말로 사실일까요? 다시 한 번 생각해 보는 방법이 스트레스 매니지먼트로 이어지는 경우도 있습니다.

예를 들어 '상사는 언제나 나만 꾸짖어'라는 생각에 대해 이야기를 나눠 봅시다. 냉정하게 보면 논리적이라고 말할 수 없습니다. 인식의 차이로 생겨난 사고방식이라고 할 수 있습니다.

상사가 언제나 당신만 꾸짖나요? 일주일에 몇 번이나 혼이 나나요? 정말로 당신만 꾸짖나요? 당신 이외에도 혼나는 사람이 있을지 모를 텐데 말이죠. 더구나 상사가 인사를 받아주지 않았다는 사실은 다시 보면 당신의 착각일 수도 있습니다.

잘 보면 '그러고 보니, 꼭 그런 것만은 아니네'라고 다시 생각하게 되는 경우도 많습니다.

스트레스를 유발하는 생각으로 과거에 일어난 일을 억지로 떠올리거나, 앞으로 일어날지도 모르는 일을 많이들 걱정합니다. 이미 일어난 과거의 사건이나 아직 일어나지 않은 미래의 일을 걱정하기보다 현재에 집중하는 것이 더 중요하지 않을까요? 예를 들어 내일 업무에서 할 프레젠테이션이 걱정이라면 프레젠테이션에 대비해 지금 할 수 있는 일을 착실히 준비하면 됩니다.

있는 그대로를 수용하는 것도 스트레스를 조절하는 데 중요합니다. 특히 완벽주의자는 타인과 비교해서 자신이 부족하다고 느끼면 울적해지게 됩니다. 예를 들어 머리가 좋고, 좋은 환경에서 자랐으며, 얼굴도 예쁘고 스타일도 좋은데 성격까지 좋은 사람. 가끔 이렇게 완벽하게 보이는 사람이 있습니다. 그에 비해 나는 머리도 나쁘고, 평범한 가정에서 자라온데다가 미인도 아니고, 스타일도 나쁘며, 성격도 어둡다고 생각하는 사람은 이럴 때 울적해지게 됩니다.

그렇다고 해서 완벽한 그녀처럼 될 수는 없습니다. 대부분 자신을 타인과 비교하지만, 결국 해결할 수 없는 일 투성이지요. 그렇다면 자신의 인생을 성실히 살아가는 것이 현실적이며, 정신적으로도 편해지는 방법입니다. 남은 남이라고 딱 잘라 생각한 다음, 자신의 인생을 어떻게 살아갈 것인가에 대해 생각해야 합니다.

완벽하게 보이는 그녀에게도 사실은 다른 사람에게 말 못할 고민이 있을 수도 있습니다. 사람마다 사연은 다르겠지만 인생은 인생이니까요. 어떤 일에든 뛰는 놈 위에 나는 놈이 있으며, 반대로 당신보다 더 어려운 상황에 처한 사람도 많이 있습니다. 때때로 긍정적으로 포기하는 일도 중요합니다. 타인과 비교하지 말고 자신을 받아들이고 노력하는 일 말입니다.

당신은 자신의 인생을 어떤 식으로 만들어 가고 싶나요? 타인과 비교하지 마세요. 나는 나, 남은 남이라고 딱 잘라 생각하는 사고방식에 익숙해지면 좀 더 편안한 인생을 즐길 수 있습니다.

29

울적함이 확 줄어드는 기술 ❼
'무리야', '할 수 없어', '어려워'라는 사고 멈추기

무리 하지 않는 일, 할 수 있는 일,
어렵지 않은 일부터 해 보자

많은 사람의 고민을 상담하다보면 울적해지기 쉬운 사람은 곧바로 '무리예요', '저는 할 수 없어요', '저에게는 너무 어려운 일이에요'라고 많이들 말한다는 사실을 실감합니다.

'무리야', '할 수 없어', '어려워'는 악마의 속삭임입니다. 그렇게 생각하고, 말하면 그 생각에서 사고가 차단되어 앞으로 나아갈 수 없게 됩니다.

그럴 때는 마음을 가라앉히고 무리라고 생각하는 이유나 할 수 없다고 생각하는 이유를 찾아보세요. 그리고 무리하지 않고 당장 할 수 있는 부분부터 하나씩 시작해 보세요.

울적해지기 쉬운 사람은 스스로 자신의 가능성을 막아 버리는 경우가 많습니다.

'무리하지 않는 부분부터', '할 수 있는 부분부터', '어렵지 않은 부분부터'라는 접근은 다양한 면에서 도움이 됩니다. 어려움에 부딪혔을 때도 마찬가지입니다. 지하철이 연착되어 중요한 약속에 늦을 것 같을 때도 '무리야', '할 수 없어', '어려워'라고 말하지 말고, 어떻게 하면 시간에 맞춰 갈 수 있을지 따져 보며 그래도 늦어질 것 같으면 상대방에게 연락해 시간을 조금 늦출 수 있는지 타진해 보세요. 어떻게 해도 주문받은 상품을 납기일에 맞출 수 없을 것 같을 때도, 어떻게 하면 제때 납품할 수 있을까를 고민해 보세요. 빠른 시일 내에 현재 상황을 상대에게 알리고, 맞출 수 있는 수량만큼 간헐적으로 출하할 수 있는지 문의해 보는 등 지금 할 수 있는 일부터 해결책을 찾는 것이 중요합니다. 이렇게 하다 보면 의외로 문제 해결이 어렵지 않다는 것을 깨닫게 됩니다.

위기에 빠졌을 때 어디서부터 무엇을 시작하면 될까요? 우선 할 수 있는 일부터 해결책을 찾아가는 것이 중요합니다. 이 방법이 울적해지지 않기 위한 요령입니다.

제 5 장

금방 울적해지는 사람을 위한 처방전

대부분의 사람에게 '5월병'은 스쳐 지나가는 증상

증상은 우울증과 비슷하지만,
대부분의 경우 스스로 극복할 수 있다

마지막 장에서는 **쉽게 울적해지는 사람**들의 대표적인 패턴을 살펴보면서, 왜 울적해지는지 그리고 어떻게 하면 울적한 기분에서 벗어날 수 있는지에 대해 알아봅시다.

4월은 신입 사원들이 입사하는 시기로 기대를 가슴에 안고 '이런 일을 하고 싶어', '가고 싶었던 회사에 입사하게 되었으니, 더욱 열심히 해야지'라며 의욕이 넘치는 때입니다. 하지만 곧 자신이 상상하던 모습과 현실의 차이를 깨닫게 됩니다.

대학 입시에 성공하여 어엿한 대학생이 된 사람도 자신이 그리던 대학의 모습과 실제 대학의 모습에서 격차를 좁힐 수 없을 때 심신의 부조화를 겪게 됩니다.

신입 사원이나 대학 새내기, 인사 발령으로 다른 부서로 이동한 사람들은 일이나 학교의 변화, 이사 등으로 바뀐 환경 속에서 처음에는 활기찬 모습이었지만, 5월 중순 무렵부터 왠지 모르게 기분이 가라앉게 됩니다. 금방 지치고, 잠들지 못해 몸과 마음이 부조화에 이르러 울적한 상태가 이어지게 됩니다. 이른바 '5월병'입니다.

특히 취직은 인생의 환경이 크게 바뀌는 사건 중 하나입니다. 지금까지 지내왔던 학창 시절과는 환경이 크게 다르지요. 학창 시절에는 시간적으로도 여유가 있고, 걸핏하면 아침 수업을 빠지던 사람도 많았지요. 하지만 사회인은 그럴 수 없습니다. 매일 아침 정시에 출근해야만 합니다. 일도 익숙해질 때까지는 외워야 하는 업무가 많아 힘에 부치게 됩니다.

저는 신입 사원 비즈니스 매너 연수도 진행하고 있습니다. 연수에서는 사회인으로서 필요한 높임말 사용법, 전화 응대 미팅 시 명함 교환 방법 등 기본적인 비즈니스 매너를 지도하고 있습니다.

학생일 때 아르바이트로 손님을 직접 응대했던 경험이 있는 사람을 제하고는 대부분의 신입 사원은 제대로 된 단어 사용이나 전화 응대조차 제대로 못하는 경우가 많습니다. 사회인으로서 수많은 시행착오를 겪는 것은 당연합니다.

대부분은 1~2개월 정도면 회복된다

수많은 시행착오 중에는 선임인 선배나 상사로부터 심하게 꾸중을 듣는 경우도 있겠지요. 생각했던 것만큼 일이 잘 되지 않거나, 상사한테 매일 혼만 나는 상태가 계속되면 자신감이 서서히 떨어집니다.

정신적인 증상만 나타나는 것이 아닙니다. 많은 사람이 식욕 부진이나 위의 통증, 심장의 두근거림, 어지럼증 등의 증상을 호소하기도 합니다. 새로운 환경 변화에 따라갈 수 없다는 초조함과 스트레스가 자신도 모르는 사이에 신체의 이상 증상으로 나타나게 됩니다.

이러한 5월병은 대부분의 경우 일시적인 심신의 부조화로 1~2개월 안에 환경에 적응하게 되면 자연스럽게 증상이 사라집니다. 하지만 5월병이 심각해지면 경우에 따라 취업이나 통학 자체가 어려워지기도 합니다.

일본 후생노동성이 매년 발표하는 대학생 신규졸업자의 이직상황 최신판에서 다음과 같은 수치를 알 수 있습니다.

1년 이내 이직률	12.2%(2014년도 취업자)
2년 이내 이직률	22.8%(2013년도 취업자)
3년 이내 이직률	32.3%(2012년도 취업자)

신입 사원의 3분의 1이 3년 이내에 이직한다는 결과입니다. 더욱이 1년 이내 이직률 평균을 계산해 보면 15%정

도의 사람들이 퇴사한다는 것을 알 수 있습니다.

대졸 사원의 이직률은 다른 학력의 수치에 비해 가장 낮지만, 그럼에도 불구하고 입사 후 불과 3년 안에 10명 중 3명 이상이 회사를 떠나고 있다는 뜻입니다.

퇴사 이유로는 다양한 사유가 있지만, 사회인으로서 일을 해야 한다는 마인드로 적절히 바꾸지 못하는 젊은이가 증가하는 것도 하나의 이유입니다. 학창 시절과 달리 사회인으로서 월급을 받고 일을 해야 한다는 당연함마저 견디지 못하는 사람이 젊은 신입 사원 중에서 증가하고 있다고 볼 수 있습니다.

최근에는 5월병 뿐만 아니라 6월병도

최근에는 5월병뿐만 아니라 6월에도 같은 상태가 나타나는 사람이 증가하는 추세로, 6월병이라고 불리는 문제가 나타나고 있습니다.

IT화 등으로 신입 사원 연수 기간이 길어지고 있고, 연수 기간에는 반드시 숙지해야 할 사항들이 많습니다. 4~5

월에는 연수나 직무현장훈
련 등으로
긴장 상태가 지속되지요. 긴
장 상태에서 환경에 익숙해
진 6월이 되면 쌓였던 피로
와 스트레스로 부조화를 호
소하는 사람이 증가합니다.
또한, 6월은 장마의 계절이
기도 해서 후텁지근한 기후
도 심신에 영향을 줍니다.

　5월병·6월병에 걸리면 의욕이 사라지고, 자신을 탓하
거나, 울적해지는 경향이 나타납니다. 무슨 일을 해도 몸이
나른해지고, 식욕이 사라지며 잠들지 못하게 됩니다. 일반
적으로 이러한 증상은 대부분의 우울증과 비슷합니다.

　앞서 이야기했듯이 5월병이나 6월병은 일시적인 증상
입니다. 하지만 이 시기에 **뭔가 이상하다고** 느껴 정신과에
가면, 우울증 진단을 받게 되고 약을 처방받아 약에 의존

하게 되어 결국 퇴사로 이어지게 되는 경우가 증가하고 있습니다.

최근에는 신입 사원 연수 때 멘탈 헬스나 스트레스 매니지먼트 연수를 도입하는 기업이 많아지고 있습니다.

저는 신입 사원 연수를 진행할 때 5월병·6월병의 이야기를 합니다. 그러면서 일시적인 증상으로 대부분의 경우에는 스스로 극복할 수 있으므로 무모하게 병원에 가지 말고, 스스로 극복해 보라고 말합니다. 그리고 이 책에서 소개하고 있는 울적할 때 도움이 되는 기술을 다양하게 지도합니다.

신입 사원은 새로운 환경에 익숙해질 때까지 긴장의 연속입니다. 5월병·6월병에 걸리지 않기 위해서는 이 긴장을 완화시키는 것이 중요합니다. 이 책에서 언급한 것처럼 1인 노래방에 가서 큰소리로 좋아하는 노래를 부르거나, 자신에게 주는 포상으로 맛있는 음식을 먹음으로써 도파민을 분비시켜 상황을 극복해 보세요.

특히 새내기 사회인들에게는 5월병·6월병에서 탈출하

는 방법 중 하나로 **학생 시절의 친구 만나기**를 추천합니다. 각자의 직장에서 다양한 고생들을 하고 있을 테니까요. 서로의 고생담을 듣다 보면 **'나만 그런 게 아니구나'**라며 건강한 몸과 마음을 되찾게 됩니다.

31

육아는 완벽하지 않아도 괜찮아

성실한 성격의 엄마일수록
책임감 때문에 육아 노이로제에 걸리기 쉽다

아이를 키우는 엄마들 사이에서 우울증이나 육아 노이로제가 증가하고 있습니다. 육아 경험이 있는 사람이라면 누구나 공감하듯이 육아는 상상 이상으로 어려운 일입니다. 특히 첫 출산은 아무것도 모른 채 육아를 시작합니다.

출산으로 산부인과에 입원하는 기간은 대략 4~5일 정도입니다. 핵가족화되었다고 해도 친정어머니나 시어머니가 산후조리를 도와주면 좋겠지만, 여러 사정상 도움을 받지 못하는 경우가 늘어나고 있습니다.

원래 인류는 공동으로 육아를 하며 진화해 왔습니다. 공동육아 덕분에 인류는 매년 아이를 낳을 수 있었지요. 그런데 핵가족화 상태에서는 남편의 퇴근 시간까지 늦어지면, 밤늦게까지 혼자 아이를 돌봐야만 합니다. 이런 상황은 상당한 스트레스를 가져옵니다.

그렇지 않아도 여성은 임신 중이나 출산 전후에 호르몬의 불균형으로 신체나 마음이 불안정한 상태인 이른바 머터니티 블루*가 됩니다.

갓 태어난 아이는 말도 통하지 않을뿐더러 자신이 생각하는 대로 따라주지 않습니다. 그러한 육아 스트레스를 발산시킬 기회가 없으면, 우울증이나 육아 노이로제에 걸리기 쉽습니다. 그리고 육아 노이로제를 방치해 두면 아동학대로 연결될 가능성이 높습니다. 학대의 계기가 아이의

* Maternity Blue, 출산 후 여성에게 나타나는 정신불안 증상

울음소리였다고 말하는 사람도 있습니다.

'기저귀를 갈아주어도, 안아주어도, 우유를 먹여도 울음이 멈추지 않았어요. 참을 수 없어 나도 모르게 아기를 때렸어요'라고 말하는 엄마들이 생각보다 많습니다. 아기의 울음이 그치지 않아, 아이를 달랜다고 심하게 흔들어서 생기는 흔들린 아기 증후군Shaken Baby Syndrome 에 의한 사고도 문제가 되고 있습니다.

가장 행복해 보여야 하는 임신, 출산 그리고 육아 시기에 행복을 느끼기는커녕 아무것도 하고 싶지 않게 됩니다. 원해서 낳은 아이임에도 불구하고 귀엽다는 생각조차 들지 않는 자신을 자책하게 되어 버리지요.

저도 똑같은 경험을 했습니다. 아이를 키우다 보면 이러한 날들이 지속되고 있다는 것조차 느끼지 못하게 됩니다.

육아 경험을 거쳐 어엿한 성인이 된 자신의 아이를 보고 있으면 '육아란 정말 눈 깜짝 사이에 지나가는구나'라며 그리워하게 됩니다. 지금에 와서 되돌아보면 그때 좀 더 육아를 즐겼으면 좋았을 텐데 하는 생각이 들기도 합니다. 이는 저뿐만 아니라 육아 경험자라면 대다수가 공감하는 이야기일 겁니다.

성실한 성격의 엄마일수록 육아 노이로제나 **쁘띠 우울**에 걸리기 쉽습니다. 아이를 키워야 한다는 책임감에서 완벽한 엄마를 목표로 무리를 하게 되기 때문입니다.

하지만 처음부터 완벽한 엄마는 없습니다. 완벽을 추구하기보다 **아기와의 시간을 즐기는** 마음을 가져야 합니다.

육아는 가족, 특히 아빠의 지원이 절실합니다. 상상 이상으로 힘든 육아를 누구의 도움도 없이 할 수는 없습니다.

남성 독자 분들 중에 지금 육아 중인 아내가 있다면 일도 힘들겠지만 부디 아내를 도와주세요. 시간적으로 도와줄 수 없다면 적어도 '힘들지, 고마워'라며 노고를 위로하는 말을 건네주세요.

사실 쁘띠 우울은 임신 중이나 출산 직후보다 아이가 4세가 되었을 무렵에 걸리기 쉽다는 데이터도 있습니다. 아이가 4세 정도 되면 엄마의 손에서 멀어지게 됩니다. 둘째 아이가 태어나면 둘째 육아로 다시 바빠지게 되며, 자녀가 한 명인 경우에는 잠시 육아에서 해방되어 한숨 돌리게 되는 시기입니다. 육아 중에는 좀처럼 자신만의 시간을 갖지 못한 채, 아이에게 휘둘리게 됩니다. 이때 자신을 되돌아보면 기운이 빠지게 되는 경우도 있습니다. 아이가 유치원에 다니기 시작하면 또래 엄마들과 새로운 인간관계가 형성되면서 또다시 기분이 변하게 됩니다.

엄마로 산다는 것은 기쁨도 큰 반면 어려움도 많습니다. 그렇기 때문에 육아는 지나치게 힘을 주지 말고 어깨에 힘을 뺀 채 즐겨야 합니다.

육아가 인생의 전부는 아닙니다. 아이가 4세가 되어 조금씩 손에서 멀어진다면, 자신이 하고 싶은 일을 조금씩 시작해 보는 건 어떨까요?

어린 자녀가 있는 엄마는 가끔 남편에게 아이를 맡기고 쇼핑을 하거나, 미용실에 가고, 친구들과 노래방에 가는 등 자신이 좋아하는 일을 찾아보세요. 그리고 어린 자녀를 둔 아빠는 때때로 아이와 즐겁게 놀아주며 아내에게 혼자만의 시간을 만들어 주세요.

32

직장인을 위한 스트레스 조절 요령

업무에 적당한 스트레스는 필요하지만,
과도하고 지속적인 스트레스는 신체에 유해

직장인의 최대 스트레스는 역시 **업무상 스트레스**겠지요. 업무상의 실수나 사내 평가, 승진, 이동 등 다양한 일들이 있으니까요. 스트레스로 멘탈의 부조화가 생기는 케이스 또한 다양합니다.

앞에서도 언급했듯이 승진을 계기로 멘탈 부조화에 빠지게 되는 경우도 많습니다.

승진으로 멘탈 부조화에 빠지기 쉬운 사람은 본질적으로 성실한 사람입니다. 대체로 말수가 적고, 맡겨진 일은 확실하게 처리하며, 주변으로부터 신뢰를 얻은 상태에서 지금까지의 업무 능력을 인정받아 승진한 사람이 많습니다.

그런데 매니저로 발탁되어 부하를 이끌어야하는 리더가 되면, 업무를 분장해야만 합니다. 적절하게 분장하지 못하면 전부 일을 떠맡게 되어 힘에 부치게 되고, 점차 궁지에 몰리다 부조화에 빠지게 됩니다.

이런 경우에는 재빨리 상사에게 보고한 후 이전 부서로 되돌아가거나, 리더가 아닌 본인의 능력을 제대로 발휘할 수 있는 자리로 이동하는 것이 중요합니다. 자신이 리더의 자리에 맞지 않는 성격이라면 직속 상사에게 직접 이야기하여 확실히 대응해야 합니다. 나홀로 울적해 있다고 해서 해결되는 일은 없습니다. 주저하지 말고 상사에게 상담을 요청하는 것도 필요합니다.

일은 적재적소가 중요합니다. 인사평가를 할 때 묵묵히 성실하게 일하는 사람을 높이 평가해 승진시켰다 실패하는 경우도 있습니다. 리더는 의사소통 능력이 좋은 사람에게 적합합니다.

직장 스트레스로 많이 꼽히는 것이 인간관계입니다. 특히 상사와의 인간관계가 좋지 않은 부하는 스트레스 상태에 빠지게 됩니다.

다음과 같이 상사에도 다양한 타입의 사람이 있습니다.

① 이야기를 듣지 않는 상사

② 공감력이 없는 상사

③ 함께 곤란해 하는 상사

④ 함께 술만 마시는 상사

⑤ 나르시스트 상사

당신이 부하를 두고 있는 상사라면, 자신은 어떤 타입의 상사인지 생각해 보세요. 반대로 당신이 그런 상사 밑에서 일하고 있는 경우라면 대응책을 생각해 보세요. 업무가 조금 힘들더라도 직장 내 인간관계가 좋은 회사는 밝고 건강합니다. 최근 직장 우울증의 대부분은 잦은 야근, 과중한 업무량으로 인한 스트레스가 원인입니다. 이른바 블랙 기업으로 사원이 회사에 착취당하는 케이스도 많습니다.

직장인의 스트레스 조절 요령은 매일 직장 안에서 조금씩 스트레스를 발산하는 것입니다. 컴퓨터를 장시간 사용하는 업무를 하고 있다면, 의자에 앉은 채로 할 수 있는 운동을 해 보세요. 몸을 움직이면 뇌의 혈류가 좋아져 몸도 마음도 풀어집니다. 피곤해서 졸음이 올 때는 의자에 앉은 채 명상을 해 보세요.

일상 중에 스트레스는 어떻게 해서든 쌓이게 되는 법입니다. 스트레스가 쌓이지 않도록 인간관계를 만들어 보세요.

33

주부는 고립을 어떻게 대처할 것인가

주어진 환경 속에서
자신이 하고 싶은 일,
할 수 있는 일부터 시작하자

최근엔 전업주부의 우울증도 문제입니다. 예를 들어 주변으로부터 무엇 하나 부족함 없이 행복하게 사는 것처럼 보이는 사람도 사실은 전업주부 스트레스를 받고 있는 경우가 많습니다. 사회에서 일을 하는 남편과는 다른 스트레스입니다.

저도 전업주부로 생활하던 시절이 있었습니다. 아이들

이 유치원에 다니기 시작하면서 시간적인 여유가 생기게 되자, 마치 나 혼자만 사회에서 동떨어져 있는 듯 한 기분이 들었던 때를 지금도 기억합니다. 아무튼 제가 **할 수 있는 일부터 시작하고 싶어서** 이웃에 사는 아이들에게 영어를 가르치기 시작했습니다.

대부분의 여성들은 대학이나 전문대학을 졸업 후 사회생활을 합니다. 회사에 들어가 남자 사원들에게 뒤지지 않을 만큼 열심히 일을 하지요. 결혼 후에도 맞벌이를 지속하는 사람이 늘어나는 추세이지만, 출산을 계기로 전업주부로 전환하는 사람이 여전히 많은 상황입니다.

지금까지 열심히 일해 왔는데, 어째서 여자라는 이유로 내가 일을 그만둬야 하는지 의문이 들 수 있습니다. 또한, 해야 하는 집안일 역시 중요한 일이라고는 생각하지만, 아침에 일어나 가족들의 식사를 준비하고, 남편과 아이들을 배웅한 다음에는 청소와 빨래를 하고 그러는 사이에 벌써 점심이 됩니다. 이처럼 매일이 반복되는 일상입니다. '가족을 위해서 살아야 하며, 자신을 위해서 살아가면 안 되는 것인가?' 그런 초조함을 가진 사람이 우울증에 걸리기 쉽습니다.

실제 고민 상담을 들어보면 '결혼하지 않았더라면, 좀 더 멋지게 일을 할 수 있었을 텐데', '저도 하고 싶은 일이 있었는데'라는 생각을 하면서 자기 자신을 정신적으로 궁지에 몰아넣는 전업주부가 많습니다. 하지만 그럴 때 조금만 관점을 바꾸면 멘탈 부조화에서 벗어날 수 있습니다.

전업주부가 스트레스를 조절하는 방법의 핵심은 자신의 시간을 가지는 것입니다. 집안일에 쫓겨 좀처럼 시간을 내기 어려울지 모르지만, 15분이라도 좋고, 30분이어도 좋습니다. 자신이 좋아하는 일을 할 수 있는 시간을 만들어 보세요.

집안일이 어느 정도 정리되면 허브티를 마시거나 책을 읽어보세요. 뜨개질이나 수공예를 좋아하는 사람은 하루에 30분 정도 수예하는 시간을 가져 보세요. '시간이 없어서 아무것도 할 수 없다고 하지 마세요. 시간은 자신이 만들면 됩니다.

자신이 좋아하는 일을 하게 되면 인생에도 활기가 생깁니다. 타인을 위해, 가족을 위해서만이 아닌 자신을 위한 인생을 살아가는 시간도 만들어 보세요.

자신이 사회에서 고립되어 있다고 생각한다면 스스로 조금씩 사회에 참여하는 것도 중요합니다. 전업주부가 멘탈 부조화에 빠지게 되는 원인 중 하나로 정체성이 없다고 느끼는 자아 상실감을 꼽을 수 있습니다.

한때 일본에서 교육마마라는 말이 유행한 적이 있습니다. 아이가 잘 되고 못 되는 것은 엄마가 잘하고 못하는 것에 달려있다는 말입니다. 아이가 유명 사립 학교에 입학하면 기뻐서 어쩔 줄을 모르지만, 떨어지면 자신의 책임이라고 자책하게 됩니다. 아이를 통해서만 자신의 가치를 인정받을 수 있다고 생각하는 것입니다. 그런 자신이 싫어 자신감을 잃고, 우울증에 빠지기도 합니다.

'경제력이 없기 때문에 참는다' → '영원히 경제력이 없다'라는 악순환

주부를 초조하게 만드는 또 다른 이유는 경제력이 없

다는 점입니다.

저는 〈신체와 마음의 치유와 건강〉을 테마로 한 스쿨을 운영하고 있는데 수강생의 대다수가 전업주부입니다. 육아를 하고 있지만 무언가 하고 싶고, 자격증을 따고 싶어 강좌를 수강하는 이들이 많습니다.

강좌 설명회 참가 후, 테라피스트가 되어 일을 하고 싶은 마음에 강좌를 신청했고, 앞으로 일어날 자신의 인생에 대한 기대를 가슴에 안고 집으로 돌아갔지만, 막상 수강료를 지불할 때가 되면 남편이 허락해주지 않는다는 이유로 어쩔 수 없이 수강을 보류하는 사람도 많습니다. 이렇게 경제력이 없어 자신이 하고 싶은 일을 하지 못하는 주부도 의외로 많습니다. 남편은 일을 하고 아내는 가사를 돌보며 한 가정의 역할을 분담하고 있다면, 전업주부로서 남편에게 어느 정도의 보수를 받아야 한다고 생각합니다. 경제력이 없어서 참고, 참아서 영원히 경제력을 가질 수 없는 악순환을 감수하는 사람도 많습니다.

언제까지나 참기만 하면서 울적해 하지 마세요. 우선

어떤 일이라도 좋습니다. 자신이 벌어서 조금씩 자신의 돈을 모아 보세요. 아주 작은 일이라도 우선 무언가를 시작한다는 사실 자체가 중요합니다.

최근에는 전업주부를 즐기며 사는 사람도 많습니다. 자신을 위해서가 아닌 가족 중심으로 가족을 위해 살아간다는 사실을 중요하게 여기며 생활하는 것도 필요합니다.

여성들 중에는 전업주부를 희망하는 사람과 사회에 나가 일을 하고 싶은 사람, 크게 2가지 부류가 있습니다. 어떤 삶을 선택하든 자신에게 주어진 상황을 즐기는 것이 중요합니다. 즉, 자기 자신이 무엇을 어떻게 하고 싶은가, 언제 행복을 느끼는가에 집중하세요.

인생은 긴 레이스입니다. 주어진 환경 속에서 자신이 하고 싶은 일, 할 수 있는 일부터 시작해 보는 것이 어떨까요?

만약 울적해졌을 때는 이 책에 있는 울적해졌을 때 해야 할 일 중에서 **지금 당장 할 수 있는 것부터** 시도해 보세요.

34

결국
제일 중요한 건
나 자신

스스로 편안함을 추구하면
상대와 편하게 대화를 나눌 수 있다

심리학자 알프레드 아들러는 **인간의 모든 고민은 인간관계에서 비롯된다**고 단언합니다. 당신이 울적해 하는 이유도 분명 인간관계에서 비롯되진 않았나요?

직장의 인간관계는 상사, 부하, 동료입니다. 가족의 인간관계는 부부 관계나 부모 자식 관계, 이웃 등이 있습니다. 다양한 인간관계를 원만하게 유지하지 못해 울적해 하는 사람이 의외로 많습니다. 특히 주변에 신경을 쓰는 타입의 사람이나 사려 깊은 사람은 주변 사람들을 우선시하기 때문에 울적해지는 경우가 많습니다.

저는 고민을 상담하러 온 사람들에게 각각의 고민의 **'주어'**를 적어 보라고 할 때가 있습니다. 실제로 적어 보면 자기 자신의 고민이라기보다 다른 사람의 고민을 자신의 고민이라고 착각하는 사람이 많습니다.

예를 들어 '자녀가 등교를 거부하고 있어 고민이에요', '남편이 회사 상사와 문제가 있는 것 같아서 신경이 쓰여요', '시어머니가 최근 물건을 자주 잃어버려서 걱정이에요' 처럼 다양합니다.

자녀가 등교를 거부하는 것은 자녀 자신의 고민이고, 남편이 회사 상사와 문제가 있는 것은 남편의 고민입니다. 또한, 시어머니가 물건을 자주 잃어버리는 것은 시어머니의 고민입니다. 원래 각자의 고민은 스스로 해결해야 하지 누가 대신 고민할 문제가 아닙니다.

상대를 생각하고 배려하는 것은 매우 중요합니다. 하지만 결국 **가장 중요한 것은 나 자신**이라고 생각하지 않으면 언제나 당신만 필요 이상으로 울적해지게 되거나 타인에게 휘둘리게 됩니다. 자기 자신도 살피면서 상대와 적절한 거리를 두고 대화를 나누는 것이 중요합니다.

상대를 위해 한 행동이 제대로 전해지지 않아 오히려 상대방에게 상처를 주게 된 경험이 있지 않나요? 상대를 위한다는 생각은 당신의 판단입니다. 그렇다고 해서 상대방도 당신과 같은 생각을 하지는 않으니까요.

상대방을 지나치게 배려하거나 맞춰 주려고 하면 자기 자신에게 소홀해져 지치게 됩니다. 자신에게 기분 좋은 대화법을 취해 보세요. 언제나 참지만 말고 우선 자신을 소중하게 생각해야 상대와의 대화가 원활해지며, 결과적으로 상대를 소중히 여기게 됩니다.

당신이 어떻게 하고 싶고 되고 싶은지가 인간관계의 기본입니다. 결국 정답은 나에게 있습니다.

감정 청소

초판 1쇄 인쇄 2017년 03월 23일
초판 1쇄 발행 2017년 03월 28일

지은이 지멘지 준코
펴낸이 김선식
경영총괄 김은영
전략기획팀 김상윤

기획 및 책임편집 박현미 **크로스교정** 유화정 **책임마케터** 최혜령, 이승민
콘텐츠개발6팀장 박현미 **콘텐츠개발6팀** 이여홍, 유화정, 이호빈, 김누
마케팅본부 이주화, 정명찬, 최혜령, 양정길, 최혜진, 최하나, 김선욱, 이승민, 이수인, 김은지
경영관리팀 허대우, 권송이, 윤이경, 임해랑, 김재경
디자인 김누 **일러스트** 풀밭의 방아깨비filmstar80@naver.com
번역 김은혜

펴낸곳 다산북스 **출판등록** 2005년 12월 23일 제313-2005-00277호
주소 경기도 파주시 회동길 357 3층
전화 02-702-1724(기획편집) 02-6217-1726(마케팅) 02-704-1724(경영관리)
팩스 02-703-2219 **이메일** dasanbooks@dasanbooks.com
홈페이지 www.dasanbooks.com l teen.dasanbooks.com
블로그 blog.naver.com/dasan_books
종이 (주)한솔피앤에스 **출력·인쇄** 민언프린텍 **후가공** 평창P&G **제본** 정문바인텍

ISBN 979-11-306-1172-3 (13190)

위기에 빠졌을 때,
어디서부터 무엇을 시작하면 될까요?
우선 할 수 있는 일부터
해결책을 찾아가는 것이 중요합니다.
이 방법이 울적해지지 않기 위한 요령입니다.